Espoir en poésie

Louise Hudon

Espoir en poésie

LE SYMBOLISME DU NÉNUPHAR
(Page couverture)

*Dans le langage des fleurs, le nénuphar signifie
« Ton cœur trop froid ne sait pas saisir l'amour
que je te porte ».*

*Nénuphar blanc : gloire et invincibilité OU
froideur et anéantissement.
On dit aussi qu'il signifie « cœur pur ».*

*Chez les Égyptiens, il représente « la naissance du
monde à partir de l'humide ».*

*Chez les Mayas : « abondance et fertilité, lié à
l'eau et à la terre ».*

*En Guadeloupe : symbole de la création du
monde et l'allégorie de la renaissance.*

*Je dédie cette œuvre à mes sœurs
Carole et Claire, à mon frère
Robert et à ma fille Julie.*

ESPOIR MES AMIS

*Dans la vie on avance pas à pas
En remerciant Dieu pour nos repas
Et pour l'abondance qui nous entoure.
Il y a des pires que nous, autour.*

*Survivant à des hauts et des bas
Il faut gagner chacun des combats
En espérant garder notre espoir,
Priant pour éviter des déboires.*

*Il faudra bien conserver la chance
Dans nos alliances et notre ambiance.
L'amour domine dans nos relations
Ça va plus loin qu'une obligation.*

*Le naturel de nos émotions
Qui annonce une bonne association
Resserre les liens qui viennent nous unir.
Une bonne atmosphère à maintenir.*

PRÉFACE

Madame Hudon fait de la poésie et des chansons depuis son adolescence.

Des gens de plus de 80 pays et de plus de 830 villes ont visité son site gratuit : www.louisehudonmedium.com.

Ses poèmes se veulent des messages d'espoir et de réflexion pour la société et font suite à l'observation de femmes et d'hommes de différentes communautés.

Les thèmes sont variés et plusieurs poèmes sont le résultat de recherches.

« Si la richesse intérieure de l'âme de l'humanité se découvre en poésie, n'oublions pas, surtout, que ce genre de littérature nous fait vibrer. Les poèmes représentent un moyen de communication et de défoulement dans notre vie tout en nourrissant notre esprit ».

Louise Hudon
Poétesse, écrivaine
La Sarre, septembre 2014

TABLE DES MATIÈRES

TABLE DES MATIÈRES (Suite)

TABLE DES MATIÈRES (Suite)

À FLEUR DE PEAU

Je te perçois sans un regard
Humant l'arôme de ton cigare.
Tes yeux sur moi se sont posés
Tes mains m'ont bien apprivoisée.

Sensibilité d'une nuit,
Dans un silence, sans aucun bruit.
Tiens-moi fermement dans tes bras
Et toute ma chair tressaillira.

Mon corps a tant besoin de toi !
Je te veux toujours sous mon toit.
Sentir tes vêtements humides,
Impressionnant bonheur limpide.

Nous sommes dehors dans la rosée.
Serrée contre toi, reposée,
Et mes sens des plus aiguisés,
Bien préparés pour s'embraser.

Embrasse-moi très fort mon aimé.
Je réclame tes lèvres, affamée.
La vie passe à travers le temps,
Profitons de tout, chaque instant.

Je suis sensible mon ami,
Tu peux faire naître un tsunami.
Ma vague viendra t'envelopper,
Tu ne pourras guère m'échapper.

Nous avons besoin l'un de l'autre.
En amour, nous sommes des apôtres
Modèle de couple pour nos enfants
Avec nos bras bien accueillants.

À L'AUBE DE MA VIE

Avec mes soixante ans bien sonnés,
Par mes mots j'ai voulu rayonner,
Parler aux gens, les influencer,
Jaser espoir et ensemencer.

La vie d'aujourd'hui si difficile
Exige de moi d'être très habile,
Portant ce monde à bien réfléchir
Et faire que l'homme puisse s'enrichir.

Pour réussir il faut être lue,
Un automatisme absolu.
Sans cette règle tout est perdu.
On parle ici d'une science ardue.

Allez, jaillissez inspiration.
J'arriverai à une bonne création.
Une personne dépressive me lira
Et mon message rassérénera.

Encore jeune, à l'aube de ma vie,
Mon désir encore inassouvi
De me faire connaître par un public
Reste pour moi un vœu idyllique.

M'avez-vous relue dernièrement ?
J'ai tant écrit antérieurement !
Des années de travail acharné
Sans compter les heures ou les journées.

De la tendresse et des émotions
Dignes de votre grande appréciation
En quantité sur du papier.
Aurez-vous le goût de me copier ?

De l'espérance pour l'humanité
Bonnes et grandes nouvelles à ébruiter
Le soleil pour moi va s'annoncer
Car jamais je ne vais renoncer.

À MA FAÇON

Mon apport à la communauté
Pour contrer le mal, la cruauté
Est introduit graduellement,
À ma façon, principalement.

Très marginale dans mon approche,
Diplomatie, pas de reproches,
Mon message passe dans mes écrits,
Grâce à mes mots tout est inscrit.

Bénévolat à ma manière,
Prônant la paix et la prière,
Des réflexions philosophiques
Pour des pensées très bénéfiques.

Les écrits restent et à long terme
Quand ils sont lus une graine germe,
Un héritage pour mes enfants.
Je pense à eux régulièrement.

Célébrité non importante.
Personnellement je suis croyante.
Dénonçons guerres et pollution
Pour protéger la création.

Écrivant sur beaucoup de sujets
J'aborde divers thèmes dont: budget,
Violence et angoisse de toutes sortes.
Pour finir une espérance forte.

En terminant, sincère merci
À mes lecteurs et mes amis.
Vos commentaires me font plaisir
Et ils m'empêchent de vieillir.

AIMEZ LA VIE

Nos yeux pour regarder les beaux oiseaux
Nos oreilles pour les entendre chanter
Cela ferait une très belle vidéo
Pour que notre vie soit agrémentée.

Nos plans de tomates seront transplantés
Des graines pour de belles fleurs seront semées.
De notre travail soyons enchantés
Ayant droit à un repos mérité.

Des vacances arrivent allons voyager.
De bons moments pour nous encourager.
Paysages divers et plages de toutes sortes,
Ma femme semble heureuse, me prête main forte.

Sonnez, sonnez cloches de nos belles églises.
Continuons la route avec nos valises.
Arrêtons-nous à un petit café
Car nous nous sentons un peu assoiffés.

Profitons donc de tous ces bons instants
Faire un grand voyage est un bon passetemps.
Apprécions la vie à chaque minute
Et oublions toutes nos anciennes disputes.

Soufflons notre joie en criant au vent.
Oui, nous aimerons plus dorénavant.
Les petits atomes dont nous sommes formés
Une substance pure, chimie très confirmée.

Nature ! Toi dans ta beauté, une variante !
Changements de formes, de couleurs attrayantes.
Nos yeux nous font jouir, aimons cette belle vie
Espérant voir partager mon avis.

ALARME

Nos amours à entretenir
Avec de très beaux souvenirs.
Une pensée positive pour lui,
Avec des sentiments gratuits.

Veux-tu accepter un café
Pour te combler, toi, assoiffé ?
Je vais te faire un bon rôti,
Pour rassasier ton appétit.

Profitons de tout, mon amour,
Profitons de tout chaque jour.
Une alarme sonne par mon cœur
Car la mort, parfois, me fait peur.

La santé que nous possédons
Jouissons-en avant l'abandon.
Chacune des secondes et des heures
Doit nous apporter du bonheur.

Tu me gâtes beaucoup cher conjoint
Et il me semble que j'en fais moins.
Je voudrais tant faire mieux pour toi,
Moi, si heureuse sous notre toit.

Approche-toi pour un câlin
Toi qui guéris tous mes chagrins.
Sentir l'odeur de ton beau corps
Me rend heureuse car je t'adore.

ALCOOLISME ET ESPOIR

Dès son très jeune âge,
Il semblait souffrant,
N'était pas très sage
Auprès des parents.

Son adolescence
Assez difficile
Cause une grande absence
D'une vie docile.

Loin de sa famille
Il fut enfermé.
Seul dans sa coquille,
Entra dans l'armée.

La boisson aidant,
Vit son complément,
Bâtit son présent
Plus heureux qu'avant.

Malheureusement,
Avec trop d'abus,
Discourtoisement
A beaucoup trop bu.

C'était un sensible,
Aimait ses enfants.
Sa vie fut pénible,
Il était vaillant.

Comme tous les humains,
Défauts, qualités,
A fini son chemin
Loin d'être en santé.

A aidé des gens
Grâce à sa bonté.
Il était changeant,
Plein de volonté.

Être alcoolique,
Malade aujourd'hui,
Loin d'être idyllique,
Souffrances et ennui.

ALLÉLUIA

Lorsque la nuit s'achève
Et qu'enfin l'aube se lève
Un chant de moi s'élève
Parlant de tous mes rêves.

Tu me prends dans tes bras
Et tu me dis tout bas
Je chanterai gloria
Dans ton « Alléluia ».

Et le chant continue
Me sentant soutenue
Dans les mauvais moments
Par toi mon cher amant.

Pourquoi la vie m'inspire
Le goût de t'accueillir
Près de moi pour vieillir ?
Je veux me recueillir

Et chanter ma chanson
Cette fois à l'unisson
Alléluia à Dieu
Le miséricordieux.

La lumière nous éclaire
Respirant le même air
Le bonheur nous surveille
On m'entoure de merveilles.

Il faut avoir confiance
Aidés de nos croyances
Y mettre de l'ambiance
Bonté en toute conscience.

Merci au Créateur
Merci pour mes valeurs
Je prierai tous les jours
Très entourée d'amour.

L'espoir d'une belle vie
La joie qui m'envahit
Garantissent ma survie
Et voilà je revis.

AMOUR EN INTERROGATION

Problèmes de cœur et déceptions
Souvent l'objet de discussions.
Ils ont besoin d'être compris,
Déçus, parfois, et bien mal pris.

Violence verbale ou agression,
Manque d'amour, humiliation,
Histoires si tristes, pleines de douleur
Et un bien grand manque de chaleur.

Croyance éteinte, perte d'espoir
À cause d'une vie pleine de déboires.
À vos questions et plusieurs fois
Je vous déclare « Gardez la foi ».

Très positive je peux vous dire :
Ayez confiance en votre avenir.
Les changements sont surprenants !
Souvent c'est une question de temps.

Pensez qu'un jour votre âme sœur
Fera oublier l'agresseur.
Délicatesse et grand respect
Et vous retrouverez la paix.

AMOUR INCONDITIONNEL

Un beau mariage et des échanges de vœux,
Et maintenant puis-je te faire un aveu ?
Aucun regret du passé mon amour.
J'aime tout de toi, mieux, ton sens de l'humour.

Oui ! En toutes circonstances, je vais t'aimer,
T'encourager, chéri, mon bien-aimé.
Si tu connaissais l'importance pour moi
De ton existence, depuis autrefois !

Je considérerais comme un désert
Une vie sans ta présence mon très cher.
Il ne faut pas sous-estimer la foi
Car Dieu m'a permis d'être près de toi.

L'affectivité doit être comblée
Et toi tu es mon homme qui m'a troublée.
En remerciant toujours ma destinée
Je te préparerai un bon dîner.

Amour inconditionnel et routine,
Un baiser en mangeant des clémentines,
Voilà un grand secret simplement nôtre
Et je vous souhaite qu'il devienne vôtre.

AMOUR, AMOUR, AMOUR

Chéri, gâtée par tes caresses
Et si fière, moi, ta seule maîtresse,
Mariée depuis plus de vingt ans,
Heureuse dans tes bras accueillants.

Tu me laisses sans cesse respirer,
Je me sens toujours désirée
Et au nom du mot liberté
Je t'assure de toujours t'aimer.

Toi, mon amour de tous les jours
Que je veux près de moi toujours,
Merci d'être mon confident
Tout en étant accommodant.

Et cette nuit près de ton corps,
Entrelacés, d'un même accord,
Je mettrai ta main sur ma peau
Te tenant de tendres propos.

Envole-toi petit oiseau
Dirige-toi vers les roseaux
Sifflant sans arrêt mon bonheur
Éloignant de moi le malheur.

La vie nous réserve des surprises
Mais pour faire face à chaque crise
Ta présence, si chère, mon aimé
Fait de moi une femme bien armée.

Je lutterai pour très bien combattre
Une existence trop grisâtre.
Travaillant à le stimuler,
Notre couple va ainsi durer.

Cette destinée nous fut tracée
Et je ne veux pas l'effacer.
Continuons de suivre la route
En éloignant de nous les doutes.

AUJOURD'HUI

Très fière de moi aujourd'hui,
Travaillant souvent la nuit,
Je veux passer mes messages
De mon expérience sage.

Les erreurs de mon passé,
Même si elles sont effacées,
Peuvent servir à prévenir
Tous les gens dans l'avenir.

Ne pas rester dans une bulle
Se conduisant en somnambule
Isolée de l'entourage
Tourmentée dans mon ombrage.

Une bonne communication
Verbale avec émotions,
Un secret de réussite,
Une avantageuse conduite.

Les amis réconfortants
Dans la vie c'est important.
Des échanges avec chaleur
Font oublier la douleur.

BERCÉS PAR LA MER

Lorsque la mer nous bercera
Je chanterai pour toi.
Mon beau bateau, il tanguera,
Le capitaine, c'est moi.

Nous voguerons très loin d'ici
Loin d'un monde en folie.
Je t'ai amenée jusqu'ici
Toi mon aimée jolie.

Monde malade et angoissé
À fuir ma bien-aimée.
Personnellement j'en ai assez
Laisse-moi donc t'aimer.

La couleur des vagues sur l'eau,
Le blanc des goélands,
Regarde les nuages là-haut,
Surplombant l'océan.

Je te serrerai dans mes bras
En te parlant d'amour.
Nous formerons une seule aura
En pensant à toujours.

Berce-nous encore et encore
Toi mon si beau bateau
Pour la fusion de nos deux corps
Dans ce matin, si tôt.

Des grèves sauvages si invitantes
Pourront nous égayer
Mais priorisons la détente
À bord du beau voilier.

BONJOUR MI AMOR

Bonjour mi amor,
Tu sais, je t'adore
Tu viens de très loin
Donne-moi ta main.

Je vais l'embrasser
Je suis empressée
Viens à la maison
En cette belle saison.

Pendant que j'attends
Ce très doux moment
Mes pensées pour toi
Je te les envoie.

Tu pars et reviens
Cela nous convient
Il faut travailler
Je vais m'ennuyer.

Des jours de vacances
À quelques fréquences
Nous vivrons la vie
Avec fantaisie.

Bonjour mi amor,
Tu sais je t'adore
Un peu de repos
Pour être dispo.

BRÛLANT PARCOURS

Une enfance traumatisée,
Pas de mère dans le foyer,
Alcoolisme et maladie
Dans un enfer sont réunis.

Adolescence dans des couvents
Où on ne sortait pas souvent.
Dans une bulle, je me trouvais,
Dans la lune, je me sauvais.

Et adulte anémique,
Étudiante dynamique,
Travaillante essoufflée,
Écrivaine dévoilée.

Un déménagement arrive,
Je m'en vais à la dérive,
Dans une région éloignée.
Mon mariage est célébré.

Une erreur dans mon parcours
Sous apparence de velours.
Un diagnostic annoncé,
Très mauvaise passe à passer.

Divorce difficile à vivre
Mais il faut bien lui survivre.
En conservant mon emploi
J'annonce ici un exploit.

Des amours pas trop faciles,
Mon parcours très difficile,
Se termine avec l'âme sœur
Celle-ci comblant mon cœur.

Il faut garder de l'espoir,
Tout n'est pas toujours très
noir.
Au contraire la vie est belle,
La nature nous le rappelle.

Mon parcours se termine
bien
Avec mon Abitibien.
Des amis autour de moi
Me procurent beaucoup de
joies.

CANCER

Il me gruge mon intérieur
Qui va tuer cet agresseur ?
Oh ! Nuages vraiment grisâtres
Il me faudra le combattre.

Les joies de la vie s'éteignent
Dans mon corps, la terreur règne
Qu'ai-je fait de mon courage
Moi qu'on nomme une personne sage ?

Et voilà l'enfant qui vient
Me donnant sa petite main.
La fraîcheur autour de moi
Me met dans tous mes émois.

Il fait diminuer ma fièvre
Me fait remuer les lèvres
Pour un sourire bienveillant,
Un petit gars bien distrayant.

Cela me fait réfléchir,
Une belle étape à franchir,
Me rendant plus positive
Et surtout très combattive.

Je le prendrai dans mes bras
Demandant la caméra.
Un souvenir bien essentiel
Avant mon départ au ciel.

Mais avant, moi je veux vivre,
Écrire pour surtout survivre
Au-delà de mon trépas
Prière, ne m'oubliez pas.

CHANGEMENT

Aujourd'hui loin d'être comme hier
Je peux pendre la crémaillère.
J'ai mal supporté de quitter
La maison où j'ai habité.

Tant d'années de beaux souvenirs
Qui m'aidaient tant à rajeunir.
Il a fallu presque tout vendre
Donner beaucoup et même s'entendre.

Un déménagement difficile
Pour un plus petit domicile.
Je me suis fait de bons amis
Et je guéris mon anémie.

La nourriture est excellente.
Je mène une belle vie non violente.
Jouer aux cartes à tous les jours,
Parler aux gens, leur dire bonjour.

De beaux sourires ici et là.
Je ne suis plus seul, alléluia.
Pas d'entretien ni de travaux
Pour ces deux points, je dis bravo !

Oui ! Je me suis bien adapté
Et maintenant j'ai tout accepté.
Ma nouvelle vie me plaît beaucoup,
Cela en vaut vraiment le coût.

CONCUPISCENCE

Monde malade de concupiscence
Et ce avant l'adolescence.
Relations en très grands dangers,
De partenaires on veut changer.

Que faites-vous de votre amour
À qui vous avez dit toujours,
Désirant quelqu'un qui vous plaît
Intéressée par son aspect ?

Ce dernier risque de vous quitter
Connaissant l'infidélité.
Il va chercher complicité
Nouvel amour très convoité.

Des liaisons très éphémères
Désillusions tristes et amères
Dominées souvent par le sexe
Avec des émotions complexes.

Vous vous cherchez ma chère amie.
Réclamez l'aide de mamie.
De la souffrance dans votre cœur,
Où est-elle donc votre âme sœur ?

Racontez-lui votre malheur
Elle apaisera la douleur
Par des conseils d'une expérience,
Elle vous redonnera confiance.

Monde malade de concupiscence
Et ce avant l'adolescence
Se vautrant dans la volupté.
Souvent la femme est exploitée.

Peut-être écrire vos sentiments
Pour rendre un sort moins déprimant,
Mettre de l'ordre dans vos idées
Pour savoir où vous enligner.

CONFIDENCES LORS D'UNE INSOMNIE

Une nuit sans étoile
À écrire près du poêle
Repensant mon passé
Ne pouvant l'effacer.

Des bons et mauvais coups
Dignes d'une grande interview
La maladie aidant
Causant des incidents.

Des amis j'ai perdus
Les vrais m'ont défendue.
Dans mon monde irréel
Mon cœur battait de l'aile.

Ça n'a duré qu'un temps
Parti avec le vent.
Ma famille s'inquiétait
Pendant que je flottais.

J'ai vu l'humanité
Dans toute sa bonté
Tolérer mon excès
Accepter mon succès.

En effet l'écriture
Surtout sur la nature
Avec ma signature
Me montre plus mature.

Connaissez-moi, amis
Sachez donc qui je suis.
La maladie partie,
Toujours extravertie.

J'ai de si bons moments
Pour un très beau roman.
Près de tous ceux que j'aiment
Avec amour je sème.

La santé j'apprécie.
Avec diplomatie
Je revis dans la foule
Je dois être à la coule.

CONFLIT FAMILIAL

Le père annonce ses règles
Mais un enfant se montre espiègle,
Tout cela sans méchanceté
Question personnalité.

Par un manque de diplomatie
Une friction nait et sévit.
Une jeunesse qui se révolte
Comportement très désinvolte.

Un petit rien et il explose
Avec des émotions grandioses.
On parle parfois d'une névrose
Impression d'une vie morose.

Regardez-moi, si malheureux.
Je dois me montrer valeureux.
Toujours en guerre avec mon père,
Pénible vie, une misère.

Assoyons-nous tous et parlons.
Moyen de négocier, allons !
Terrain d'entente pour nous deux
Et l'atmosphère paraîtra mieux.

Sacré, le noyau familial,
Très bon une discussion cordiale.
Analysons notre passé
Pour mieux, ainsi, nous apprécier.

Toujours rester près du noyau,
Devons sans cesse être loyaux,
C'est important de se côtoyer
Donc un grand point à travailler.

CONFRÉRIE DE LA FRATERNITÉ

Il fut un temps où j'en faisais partie,
Du cosmos, des gens, beaucoup d'empathie.
Un sixième sens évident du cerveau
Me commandant ainsi plusieurs travaux.

Aider la communauté tout autour
Et cela sans rien attendre en retour
Alors que ma santé le permettait
Avec un mystère qui me tourmentait.

En ma qualité de médium fidèle,
Sans me considérer comme un modèle,
Beaucoup de gens ont apprécié mes dons
Mais j'ai reçu une flèche de Cupidon.

Maintenant je mène une vie des plus
tranquilles.
Il me semble parfois vivre sur une île.
Augmenter mes talents dans le passé
M'a déséquilibrée et agacée.

Mes emmerdements furent de longue durée
Mais comprise malgré tout par des curés
Et aimée par des personnes respectables
Finalement l'expérience fut agréable.

Affronter de grands dangers dans ma vie,
Là ma famille, elle, n'était guère ravie !
Ma stabilité retrouvée ce jour
Vient favoriser l'atmosphère, tout court.

Cette confrérie doit encore exister
Pour contrer le mal et le dépister.
Oui, cela demande beaucoup d'énergies
Car le malin nous a bien envahis.

Corruption, délinquance, malheurs et
guerres
Deviennent des mots faciles sur cette
terre
Parfois la folie c'est l'intelligence
Pour combattre le méchant avec
urgence.

Voilà une vocation, non une carrière
Pour la vie, difficile de s'en défaire.
Mais voilà un repos bien mérité
À moins d'une obligation décrétée.

COULEURS, SONS ET PARFUMS

Dieu de ma vie, dans toute ta puissance,
Grand merci encore pour nos cinq sens.
J'accueille avec un grand agrément
La communion des quatre éléments.

Les arbres dans une montagne non dévastée,
Une image aux couleurs des plus variées,
Les feuilles mortes sur un tapis de vie,
L'arôme dans l'humidité de la nuit.

Coloris verts, jaunes, rouges et orangés,
On dirait une nature toute arrangée
Par une grande main d'artiste en création
Et qui obtient une belle appréciation.

La cloche d'une église dans le lointain
Annonce le mariage de Valentin.
Des moutons ruminent dans le pré,
Un agneau au loin semble égaré.

Effluves capiteux qui m'entourent
Dans toutes ces beautés des alentours
Ton parfum m'attire mon amour
Ta voix me fait vibrer tous les jours.

Allons vers la mer entendre le ressac,
Écoutons ce son très aphrodisiaque
Pour un repos et une relaxation
Dans un moment de récréation.

Le vent s'amusant dans mes longs cheveux,
Je me permets de te faire cet aveu,
J'aime tout ce qui m'environne sur la terre
Et pour cette raison je ne peux me taire.

Que l'homme porte attention à l'univers
En se votant des lois des plus sévères,
Protégeant le ciel, le sol et notre eau,
Et ce, évitant ainsi un chaos.

CRI D'ALARME

Un enfant souffre en silence
Mérite une grande vigilance
Il faudrait le faire parler
Qu'il soit bien dans son foyer.

Des problèmes peinent son égo
Et sa vie semble un chaos.
Une souffrance pire qu'un cancer,
De l'aide lui est nécessaire.

Ses copains se moquent de lui,
Toujours seul face à sa nuit.
En effet ses idées noires
Dépendent de tous ses déboires.

En amour, si malheureux
Lui un très grand amoureux.
Une goutte de trop dans le vase
S'additionne sur son ardoise.

Il a tout gardé pour lui
Pas de soleil mais la pluie
Entendons son cri d'alarme
Dans le silence de ses larmes.

Un sourire, une tape dans le dos
Une invitation, un mot
On évite peut-être le pire
Et l'enfant peut s'épanouir.

DANS SA CUISINE

À ma cousine Maria

Tout se fait dans sa cuisine,
Je vous parle de ma cousine.
Les chou fleur et brocolis,
Avec des fruits : un fouillis.

Elle aime vraiment cuisiner
Voir à faire mijoter
Des aliments supérieurs
Choisis d'ici, non d'ailleurs.

En dégustant un bon vin
Dans un arôme divin
On se pourlèche les babines
On se rassoit et on dîne.

Le chat dort près de la porte.
Il n'est pas question qu'il sorte.
Animal domestiqué,
Petite vie non compliquée.

Une musique des plus classiques,
Instrumentale ou lyrique,
Qui repose de la grande ville,
Du bruit des automobiles.

Pour une histoire réaliste
D'une personne non égoïste
L'écrit de ma poésie
S'envole avec courtoisie.

DÉCHIREMENT

Je cherche mon père
Il est mon repère
J'ai besoin de lui
De son grand appui.

Un monde en folie
Beaucoup d'impolis
Trop vite mamie
Seul et sans amis.

Où est ton amant
Toi, ma chère maman ?
Tu pleures si souvent
Beaucoup plus qu'avant.

Va-t-il revenir
Dans mon avenir ?
Je le cherche encore
Comme un grand trésor.

DÉCOUVERTE

Ils découvrent des virus géants
Dans les mers et les océans.
La glace en décongélation
En contient plusieurs.Attention !

Les spécialistes les étudient
C'est important, je vous le dis.
Il faudra faire des grands vaccins
Et renseigner nos chers médecins.

Il y en a un en Sibérie
Très inquiétant dans la série,
Un des plus gros jusqu'à maintenant
Congelé mais pour combien de temps ?

La glace dégèle à grande vitesse.
On oublie ça dans notre ivresse.
L'homme se tue, que pouvons-nous faire ?
Il ne ménage guère la terre.

L'espoir demeure pour la relève.
Faudra faire vite, le vent se lève
Soufflant nos phrases d'éducation
Un peu partout dans les nations.

DES EXCUSES À SA MÈRE

Je te demande pardon, maman que j'aime.
Par mon action, je t'ai fait de la peine.
J'ai vu une larme sur ton doux visage
Et je me dois de respecter ton âge.

Loin de moi l'idée d'être méchante
Mais plutôt ta petite fille attachante.
Je ne sais pas pourquoi cette crise soudaine.
Fatiguée n'est pas la cause certaine.

À l'école des élèves m'ont harcelée
Et la maîtresse ne s'en est pas mêlée.
Beaucoup de colère dans mon intérieur
Je revois Jimmy et son air moqueur.

Ils ont bien ri de moi, maman chérie
Pour mes bobos qui ne sont pas guéris.
Mon visage enflé car je suis tombée
Les font rigoler comme de grands bébés.

Et enfin j'arrive dans notre maison
Pour éclater en crise sans raison
Sinon une journée très morose pour moi.
Je dis à ma famille : excusez-moi.

Heureusement, je peux me confier à vous,
Pour cela, nul besoin de rendez-vous.
Ta présence tant nécessaire chère maman
Vaut mille fois les meilleurs médicaments.

DES PLEURS DANS MA VIE

J'ai perdu des êtres chers
Et, entre autres, il y a ma mère,
Le mari de mon enfant
Et un oncle très épatant.

Des moments de solitude
M'oblige parfois à l'étude
De mes peines du passé
Priant pour les décédés.

On dit qu'il faut avancer
Mais je ne veux pas oublier
Tous ces gens que j'ai aimés
Et à qui je veux penser.

Ils ont égayé ma vie
Et pour eux c'était gratuit
Toujours au nom de l'amour
Et souvent avec humour.

Je ne les oublierai pas
Au-delà de leurs trépas.
Un moment pour y penser,
De l'amour à dispenser.

Il faut aimer les vivants
Pour toujours dorénavant
Ce sera moins éprouvant
Et souvent très émouvant.

DES PLEURS SUR MA BOUTEILLE

Il ne faut pas que cela se sache.
Un pauvre alcoolique qui se cache.
Il faut bien conserver mon emploi.
Ma bouteille je la serre contre moi.

Ma conduite affectée se fait rare.
Éviter la police, tout un art !
Je reste chez moi, encabané.
Les nouvelles lois m'y ont condamné.

Ajoutons à cela ma boucane.
Heureusement, je suis seul sans chicane.
Si je pense à ma vie d'aujourd'hui,
Je réalise mon besoin d'autrui.

Le problème est que je ne suis pas prêt,
Même si c'est dans mon grand intérêt.
En buvant, je pleure sur ma bouteille
Jusqu'à l'atteinte d'un très fort sommeil.

Volez très loin oiseaux de juillet
Pendant que moi je bois très inquiet.
Annoncez ma santé chancelante,
Ma retraite, solitude accablante.

Aurai-je la force d'aller travailler ?
Des efforts devront être déployés.
Vraiment, il faudrait me faire soigner.
Un parrain pourrait m'accompagner.

DÉSESPOIR

Mon emploi perdu donc pas d'argent.
Des factures qui s'accumulent tout le temps.
Les intérêts majeurs montent en flèche,
Pas d'automobile ni de calèche.

Des pâtes alimentaires aux repas.
Une façon de se nourrir n'est-ce pas ?
Plus de belle sonnerie de téléphone.
Obligé de vendre mon saxophone.

Adieu aussi mes films préférés.
Je n'ai plus le câble pour la télé.
La maladie a volé mon corps.
Plus de contrôle, je ne suis pas d'accord.

Payer des comptes devient difficile,
La concentration pas trop facile,
L'avocat ne peut plus me rappeler
Et je ne vous ai pas tout dévoilé.

Mais ma petite fille me tend la main
Et elle tient à me faire un câlin.
Deux ou trois larmes pleines d'émotion brillent
Merci mon Dieu car j'ai ma famille.

Et que dire de la grande amitié
Pour compréhension et non pitié.
Cela fait du bien de se confier
Et d'avoir de l'aide pour se choyer.

DIVORCE DIFFICILE

Une enfance traumatisée,
Pas de mère dans le foyer,
Alcoolisme et maladie
Dans un enfer sont réunis.

Adolescence dans des couvents
Où on ne sortait pas souvent.
Dans une bulle, je me trouvais,
Dans la lune, je me sauvais.

Et adulte anémique,
Étudiante dynamique,
Travaillante essoufflée,
Écrivaine dévoilée.

Un déménagement arrive,
Je m'en vais à la dérive,
Dans une région éloignée.
Mon mariage est célébré.

Une erreur dans mon parcours
Sous apparence de velours.
Un diagnostic annoncé,
Très mauvaise passe à passer.

Divorce difficile à vivre
Mais il faut bien lui survivre.
En conservant mon emploi
J'annonce ici un exploit.

Des amours pas trop faciles,
Mon parcours très difficile,
Se termine avec l'âme sœur
Celle-ci comblant mon cœur.

Il faut garder de l'espoir,
Tout n'est pas toujours très
noir.
Au contraire la vie est belle,
La nature nous le rappelle.

Mon parcours se termine
bien
Avec mon Abitibien.
Des amis autour de moi
Me procurent beaucoup de
joies.

DOUCEUR D'UN AMOUR

Lorsque tu me prends la main,
Que tu me sers du vin
Pour souligner l'amour
Partagé tous les jours,

Je sens monter en moi,
Émue comme autrefois,
La douceur ouatée
D'une chaleur convoitée.

Ma vie près de la tienne
Est loin d'être moyenne.
Tu combles mon bonheur
Et ce avec honneur.

Serre-moi grandement les doigts
Et gardons notre foi.
Notre fort sentiment
Un bon médicament.

Ma tête sur ton épaule,
Tes paroles qui sont drôles,
Je suis sur un nuage
Et j'en oublie mon âge.

Oh ! Toi, mon âme sœur,
Rieur et travailleur,
Qui m'entoure d'affection
Je suis ta cendrillon.

J'accepte avec plaisir
De répondre au désir :
Faire des tâches banales
Pour un traitement royal.

EN SOUVENIR DE MAMAN

En ce Noël 2013, je pense à maman.
Dans sa souffrance interne, elle aimait ses enfants.
Même avec le peu de moyens à sa portée,
Toujours, celle-ci s'organisait pour nous choyer.

Elle faisait des sacrifices et avec un rien
M'apportait une petite surprise que j'aimais bien.
Son amour apparent malgré ses grandes épreuves
Me réchauffait le cœur, car j'avais enfin une preuve.

Oui, la conviction profonde d'être aimée pour moi
Et cela venait m'atteindre dans tous mes émois.
J'aurais voulu être riche pour bien la gâter
Et lui offrir un présent par elle convoité.

Mon grand rêve de l'amener un jour en voyage,
Au Japon ou en Chine, loin de notre rivage,
N'a pu malheureusement se réaliser.
Elle aurait apprécié, aimant socialiser.

Je me souviens d'avoir joué avec ses bagues,
Collée contre elle, dans son lit, en faisant des blagues,
Espérant une lueur de bonheur, un sourire,
Moi, enfant travaillant sans cesse pour l'attendrir.

La maladie consumait le corps de ma mère
Faisant d'elle une de ces femmes parfois très amères.
Mais une fois sa santé retrouvée et sur pied
Pour ses enfants elle travaillait d'arrachepied.

Sa spontanéité marquant sa joie de vivre,
Son sourire heureux, sa volonté de survivre
Lors des moments précieux, bien avec ses enfants,
Oubliant alors d'autres instants étouffants.

Son environnement n'était guère enviable,
Connaissant plusieurs moments très désagréables.
Mettant dans ses enfants sa raison de vivre
Je peux vous confirmer l'intérêt pour son livre.

Le livre officieux de l'histoire de sa longue vie,
Jamais écrite mais racontée par moi, vieillie,
En partie seulement, car à cause de l'éloignement
Ne l'ayant guère vue, il me manque des renseignements.

La certitude que j'ai est mon amour pour elle,
Ma grande joie en la voyant, cette femme si belle.
L'enfer est sur terre, elle connaît le paradis
Éloignée maintenant de toute tragédie.

ENCORE UNE ARNAQUE

Ils ont amélioré leurs techniques.
Attention, ce n'est pas véridique.
Encore une arnaque sur internet,
Encore un de ces dossiers pas nets.

Oui ! N'importe qui peut se faire prendre
Et par nos erreurs on peut apprendre.
Mais ces bévues peuvent nous coûter cher
Très malsaines ces actions mensongères.

On vous invite à une réunion
Mais quatre cent dollars pour l'inscription.
On demande des vérifications
Heureusement qu'on a fait attention…

Partout autour de nous, des arnaques.
Il y en a qui font des crises cardiaques.
Toutes leurs économies en fumée,
Un dossier facile à résumer.

Même des messages bancaires frauduleux
Pour faire un crime parfait crapuleux,
Ne répondez jamais aux questions
Écoutez plutôt ma suggestion.

Avec le temps, augmentent les filous.
Il y a danger, ils sont comme des loups.
Très affamés, ils veulent vous ruiner
De façons subtile et raffinée.

La prudence est de rigueur tout le temps
Pour vous éviter d'être mécontents
Et lorsque vous avez un grand doute
Soyez vigilants dans votre écoute.

ESPOIR EN POÉSIE

Nous voulons atteindre le bonheur
Et le cherchons sans cesse avec cœur.
Oui, notre expérience parle pour nous
Avec des hauts et des bas, comme une roue.

Plénitude et satisfaction,
Bon équilibre de nos émotions,
Des soins du corps et de notre esprit
Et nous serons enfin bien compris.

Grande certitude, espoir dans ma vie,
Toujours des désirs inassouvis,
Une assurance d'aller pour le mieux
Et tout ça avec l'aide de Dieu.

Des remerciements pour l'abondance
Et je mène une vie sans imprudence.
Souhait d'une bonne santé à long terme
Éternelle prévision des plus fermes.

Une existence remplie d'expériences
Me forçant aussi à la confiance
Sortant mes émotions par mes vers
Parfois j'en ai le cœur à l'envers.

ÉTRANGEMENT L'AMOUR

Étrangement, la nuit, je me réveille
Et, de mon regard, je te surveille
Remerciant le ciel pour ta présence,
Redoutant le jour de ton absence.

En toi, j'ai bien mis tous mes espoirs
Avec le plaisir de te revoir,
Toi, l'homme de ma vie, l'homme de toujours
Qui, par ta tendresse, attire l'amour.

Nous suivons ensemble un même chemin.
Les efforts d'un jour ne sont pas vains.
Nos âmes et nos cœurs à l'unisson
 Feront qu'on chantonne la même chanson.

Les notes et les mots s'annonçant gais
Parlant d'un mariage un mois de mai
Serre-moi très fort tout près de ton cœur,
Profitons de cette vie à chaque heure.

Et, en ce matin, moi je m'étire
Si bien, car près de toi je respire.
Nous vivons une vie d'abondance
Heureux à jamais, merci d'avance.

Soleil, tu peux briller sur nous deux
Car on le voit, nous sommes très heureux
Je chante cette vie à pleins poumons
Éloignant ainsi tous les démons.

EXTRATERRESTRES

La vie proviendrait de l'espace
Des connaissances qui nous dépassent
Alors qu'une religion a dit
Adam et Ève sans paradis.

Sujet traité en science-fiction
Nous apportant des émotions.
Des gens affirment les avoir vu,
Soucoupes volantes dans l'imprévu.

L'une d'entre elles a accroché
Des fils téléphoniques, coupés
Par le passage de ce transport
Très loin de tout aéroport.

Son atterrissage plus loin
Formant un rond dans le foin
Étudié par des savants
Fut des plus intéressants.

Des gens taisent leurs expériences
Empêchant les malveillances
Des individus sceptiques.
Évitons d'être médiatiques.

On soupçonne les militaires
De cacher plusieurs affaires
Pour ne pas faire paniquer
Le monde très peu préparé.

Des OVNIS sont observés.
Inutile de s'énerver.
On en parle à chaque année
Partout dans le monde entier.

Sommes-nous des extraterrestres
Intelligents et terrestres ?
Une question des hommes de sciences
Sans compter toutes les croyances.

FANTÔMES DE MA MÉMOIRE

Le plus beau souvenir à ma connaissance
Dans ma courte vie, ce fut une naissance.
Ma fille Julie, le plus touchant bébé
Pour une mère si ravie restée bouche bée.

De courts cheveux noirs et de petites mains
Un grand bonheur, pour moi, le lendemain
Admirer notre œuvre à travers la vitre.
Oui, décidément, le plus beau chapitre.

Mon beau bébé fut ma raison de vivre
Sur lui je pourrais bien écrire un livre.
Sa grande brillance et sa débrouillardise
On venait en parler à sa mère Louise.

Les nombreux emplois que j'ai occupés
Je les ai aimés et bien appréciés.
Toujours de bons défis à relever
Des commentaires positifs à graver.

Dans la vie il y a des hauts et des bas
Il a fallu que je mène des combats
Pour retrouver ma santé et mes droits
Et cela s'est terminé dans la joie.

Fantômes du passé et de ma mémoire
Laissons de côté les quelques déboires
Orientons-nous vers la gloire d'une retraite
Travaillant fort de façon non discrète.

FEUILLE D'ÉRABLE

Le vent la souffle dans mon bain d'oiseaux.
Elle stockait les éléments de l'eau.
Emblème officiel du Canada,
Grades militaires pour certains soldats.

Pour un général et un sergent,
Sur leur habit l'emblème est présent.
Frappée sur la monnaie canadienne,
La feuille se retrouve sur un cinq cennes.

De couleur rouge sur notre drapeau
A fait l'objet de plusieurs propos.
Sur la cocarde de l'armée de l'air
Notre chère feuille n'est pas ordinaire.

Pour son arbre : bois, sucre d'érable,
Là sont des ressources identifiables
Dans notre grand pays aujourd'hui
Plus la grande question des armoiries.

Dans mon automne rempli de couleurs
Tout près de moi elle tombe et elle meurt
Décomposée pour faire de l'humus
Dans un air de pluie grâce aux nimbus.

FLEURS FANÉES

Les voir dans ma cuisine
Me rappelle ma cousine.
Je ne me décide pas
À causer leur trépas.

Elles sont fanées, c'est vrai.
De près cela paraît.
Pourtant ce souvenir
Je ne veux m'en départir.

Des lys d'une blancheur
Rappelant la fraîcheur
D'une nature vivante
Et toujours émouvante.

Il faudra bien finir,
Enlever et dégarnir,
Mais la pensée demeure,
Je garde ma bonne humeur.

L'importance des belles fleurs
Pour apporter chaleur
Transformer le quotidien
Et c'est dans nos moyens.

De mon dernier voyage
Je ramène des images.
Les plus belles sont fleuries
Et près d'elles je souris.

Un homme peut faire plaisir
Provoquer un désir
En apportant des fleurs
À l'élue de son cœur.

HARCÈLEMENT À L'ÉCOLE

La vie dans ton école,
Tout près de tes amis,
Comprend un protocole
Et il y a un suivi.

Pourtant, par cruauté,
Quelqu'un t'a surnommée
D'un sobriquet blessant.
Cela devient stressant.

On rit dans le corridor
À cause de Théodore.
En passant près de lui,
Il parle et te détruit.

Faisons de notre mieux.
Oui, changeons le milieu
Pour un « moins déprimant »,
Exigeons poliment.

On parle de prévention
Pour ton appréciation,
T'évitant un enfer
En réglant cette affaire.

Pour l'élève en question,
Une bonne suggestion
Sinon une punition
Pour une fin de gestion.

C'est important pour toi.
Je te comprends, ma foi.
Viens toujours me parler
Pour bien te défouler.

Il faudra dénoncer
Les phrases prononcées
Qui détruisent un enfant
Propos très malséants.

HISTOIRE DE BUDGET

Après réflexion prévisionnelle,
Selon mes besoins très personnels,
Dépenses et recettes analysées,
Comme objectif, économiser.

Le tout donne naissance à mon budget,
Mettant un frein à plusieurs projets.
Pas beaucoup de place pour l'imprévu,
Je repasse mes finances en revue.

À force de compter, j'économise.
Les gouvernements réclament ma chemise.
Finalement, oublions les revenus.
C'est moi qui vous le dis, vous êtes prévenus.

Après l'épicerie et mon essence,
Le loyer, les taxes et l'assurance,
L'électricité, le téléphone
Et des faits divers que je griffonne…

C'est terminé, je n'ai vraiment rien
Sinon un toit où je vis très bien,
Trois repas par jour c'est l'important
Sans oublier d'être bien-portant.

Il faudra toujours m'en contenter
Car croyez-moi, je sais bien compter.
Que voulez-vous, pour moi la richesse
N'est pas mon dû, je vous le professe.

HISTOIRE ÉMOUVANTE

Mico et moi marchions main dans la main.
Tout à coup il couru vers un oiseau.
Tout petit, il ne semblait pas malin.
Il est tombé dans un égout, dans l'eau.

« Oiseau tombé » s'écria cher Mico !
Si désolés, nous regardions l'égout !
Il répéta cela, deux petits mots.
Cette belle histoire se passait début août.

En effet, vous pouvez le deviner,
Carmen et moi avons coupé des branches
Insérées dans l'égout pour le sauver
L'oiseau sorti vainqueur, ce beau dimanche.

Bien nourri avec de l'eau et des graines,
Pour le soigner, installé dans un bac,
Près de ma maison, j'étais la marraine.
Plus tard il chercha sa mère près du lac.

Quand Mico revenait vers ma maison
Revoyant le fameux bac de l'histoire
Parlait du petit oiseau, comme de raison,
Très petit, il l'avait dans sa mémoire.

Sauvons tout ce qu'on peut dans la nature,
Protégeons de même toutes les créatures,
Admirons les beaux arbres et la verdure,
Faisons preuve ainsi d'un esprit mature.

HOMMAGE À NOS MÉDECINS

Ma vie à soigner bien des gens
Après avoir prêté serment
Aucun regret sur mon passé
Remerciements bien mérités.

J'ai connu des hauts et des bas
On peut parler d'échecs parfois.
Mon domaine n'est pas si facile
Mais les gens me disent bien habile.

Ma retraite approche à grands pas.
S'il-vous-plaît, ne m'oubliez pas.
Avoir tant travaillé ici,
Avec de la diplomatie.

J'ai fait tant d'efforts pour vous,
Étant toujours aux rendez-vous,
Me dévouant le jour, la nuit,
J'apprécie beaucoup votre appui.

Combattre la douleur de tous
En diminuant parfois la frousse.
Faire face à la peur de la mort
Faire mon possible sans remords.

HYMNE À LA LUNE

Ô chère lune ! Tu influences ma vie.
Suis-je trop seule en cet hiver nocturne ?
Pourquoi dormir quand rayonne la lune ?
Aujourd'hui, oui, je me sens vieillie !

Tant de travail pour bien composer
Des messages pour la postérité,
Pour assurer ma continuité
Avec divers thèmes vulgarisés !

Parfois, une conscience d'absurdité
Me serre le cœur jusqu'à la douleur.
Sans entrevoir un grand bestseller,
J'aurais aimé la célébrité.

Reçois mes confidences de la nuit
Dans la solitude de mon refuge.
En lisant mes écrits qu'on me juge.
J'aurai peut-être enfin de l'appui.

Mes intentions sont des plus honnêtes.
Par mes poèmes, donner de l'espoir,
Sensibiliser, besognant le soir
Pour mes livres et mon site internet.

Pleine lune, je te regarde et t'admire.
Entre deux strophes je peux même prédire
Un bon succès sans m'enorgueillir.
Merci à toi ! Je peux m'endormir.

IL A PERDU SON ÂME

Il a perdu son âme en faisant le mal,
Se conduisant souvent comme un animal,
Tuant sans raison et sans rien ressentir,
Cherchant seulement à tout anéantir.

On lui donne le nom de « tueur en série ».
Sa procédure : le faire avec barbarie
Nous surprend toujours et amène notre peur,
Constatant l'imprudence des autostoppeurs.

Il veut du matériel, il veut du pouvoir,
Toujours prêt à tout risquer pour les avoir.
Il survit dans une constante indifférence
On ne peut que constater cette aberrance.

Lorsqu'on met la main sur ces individus,
Un procès pour la cause est vite entendu.
Bien souvent ils font place à l'effronterie,
Aucun regret et parfois des vanteries.

Il a perdu son âme en faisant le mal,
Purgera sa peine pour un temps maximal.
Sympathie pour les gens des familles touchées
Nous n'oublierons pas ce terrible boucher.

ILLUMINÉS DANS LE GRAND FROID

Il a fait tempête en Abitibi.
Nos enfants s'habillent pour faire leur hobby.
Vont pelleter la grande patinoire ce soir.
Pour s'y rendre, il faudra faire un couloir.

Les adultes s'empressent de bien installer,
À la seule lueur du ciel étoilé,
Un système d'éclairage aux lumières jaunes
Pour illuminer pleinement toute la zone.

Un petit garçon vient leur dire merci.
Un ado exécute des acrobaties.
Sur la glace, un grand bonheur se répand
Au plaisir de tous les participants.

Ils patinent depuis toujours au grand froid.
Nous parlons d'un grand groupe de La Sarrois.
Les plus vieux donnent des cours aux moins âgés.
Bénévolement, ils se sont engagés.

Le tout se fait sur un étang gelé.
L'expérience devra être renouvelée.
De bons parents encouragent leurs enfants,
Les motivant par des cris triomphants.

Ces derniers accumulent des souvenirs.
Une enfance heureuse à entretenir.
Une bonne chimie entre jeunes et plus vieux
Et tout cela pour le plaisir de nos yeux.

ISABELLE

Pour toi chère Isabelle

Si belle, si belle,
Petite Isabelle.
Un ange brillant,
Un ange tout en blanc.

Trop triste à lire,
Trop triste à vous dire,
Partie très tôt
Faut trouver mes mots.

Avec nous pour toujours,
Marraine un jour,
La rose pour elle
Sera éternelle.

Mais elle vivra
Autour des auras
De ceux qui l'aiment
Dans l'écosystème.

Parents, amis,
Je vous dis merci.
Votre soutien
Pour nous n'est pas rien.

Oui elle vivra
Autour des auras
De ceux qui l'aiment
Dans l'écosystème.

J'AI OUBLIÉ SON NOM

Un homme bon avec moi
Me redonnant la foi
Dans un passé lointain
Un « Bon Samaritain ».

On me croyait perdue
Mais cet individu
A déployé ses dons.
Me voici papillon.

J'ai agité mes ailes
De façon très réelle
Connu la liberté
Pour moi une rareté.

Volant ici et là
Appréciant l'immédiat
Cherchant mon équilibre
Dans le vent, étant libre.

Il souffle parfois très fort
Je demande du renfort
Et le calme revient
Fini le va-et-vient.

JE SUIS HEUREUSE

On parle souvent des malheurs
En oubliant le bonheur.
Je suis heureuse les amis,
Je frappe des mains et je ris.

Mettant mes mots en chansons
Chantonnons à l'unisson.
Les sons qui s'envoleront
De grande joie, ils seront.

Je frappe des mains mes amis,
Je frappe des mains et je ris.
La musique aide et guérit
Comme le fait la poésie.

Tant qu'à fredonner, dansons.
Bien rythmés avec les sons.
Je frappe des mains les amis.
Je suis heureuse et je ris.

L'ARBRE DE LA RECONNAISSANCE

Gratitude pour toi ma mère
Et cela non éphémère,
Je t'aimerai toute la vie,
Ton modèle m'a ébahie.

REFRAIN :

Te serrer dans mes bras
Très fort comme autrefois
Plus possible aujourd'hui
Et de toi je m'ennuie.

L'arbre a ses feuilles colorées,
Pour toi maman adorée.
Mon amour toujours vivant
Comme toi, je donne au suivant.

Par mes mots et par cet arbre
Prouvant un cœur non de marbre
L'explosion de coloris
Me rappelle notre euphorie.

Dans ton nouveau monde présent,
Loin des litiges malfaisants,
Profite et prends du repos
En savourant mes propos.

L'arbre de la reconnaissance
Démontre ta grande puissance
Sur ma personnalité
Et sur ta continuité.

Tu le vois ma très chère mère.
Ce n'est pas là une chimère.
Accroché dans mon salon,
Dans une sphère, dans un ballon.

Merci pour ce beau présent
Souvenir valorisant.
Celui qui me l'a offert
A fait là une belle affaire.

L'ÉLOIGNEMENT

Si loin de moi mon amour,
Si loin de moi plusieurs jours,
Le silence dans la maison,
Dans le froid de la saison !

Ma peau a besoin de toi,
Mon corps seul sous notre toit,
Tout réclame ta chaleur
Revient mon ensorceleur.

Solitude tu m'envahies
Et ce n'est pas d'aujourd'hui.
L'entourage me plaît beaucoup
Ce ne sont pas des voyous.

De grands amis de passage,
Des discussions assez sages,
Passent des jours de mon temps,
Et des instants entretemps.

Je retrouve le silence
Découlant de ton absence.
Solitaire dans la nuit
Recherchant un peu de bruit.

Reviens vite mon cher aimé
Que je puisse enfin t'aimer,
Te serrer tout contre moi
Toujours très fort quant à moi.

L'ENFANT ET SA MÈRE

Tu t'accroches à moi et c'est normal,
De toi je veux éloigner le mal.
Mon enfant tant aimé, mon adoré,
Je t'offre mon cœur pour l'éternité.

Donne-moi la main un bout de temps,
Je veux te guider encore longtemps,
Te montrer, t'enseigner tout l'univers
Pour que tu puisses respecter notre terre.

Pas très grand, à observer les gens
De ton beau regard intelligent,
À découvrir la nature près de nous,
Me collant, installé sur mes genoux.

Serre-moi très fort mon cher garçon,
Je te chanterai cette chanson.
Lors de ma vieillesse dans si peu de temps,
Tes câlins pour moi seront importants.

REFRAIN

La vie t'est donnée, petit
Il faudra être gentil.
Patience et amour demain
Pour continuer ton chemin.

Quand tu deviendras plus tard un adulte
Et que ma vie, elle, sera un tumulte
À ton tour tu me prendras dans tes bras
Et notre refrain tu me chanteras.

L'OMBRE DE NOTRE JARDIN SECRET

Sentiments cachés, pensées intimes
Ne jamais dénuder notre âme
Évitez folie illégitime
Un conseil pour tous, hommes et femmes.

Toutefois, avec nos âmes sœurs,
Mettons de côté cette peur.
Risquons l'étonnement avec stupeur,
Un bon échange digne d'un sauveur.

Ombre de mon enfance, discrétion,
Rêves et abstinence, frustrations.
Changements avec grande appréciation,
Résultat de conversations.

Analysons le jardin secret
De notre esprit. Un vent discret
Vers notre ami, avec intérêt,
Et tout cela sans un regret.

Le jeu de la lumière et de l'ombre
Réalité de notre vie.
Évitons de vivre dans la pénombre
Clarté vitale à la survie.

L'ombre de notre jardin secret
Espace pour des amis discrets
Ou pour de véritables amours
Je vous dirai tout et sans détour.

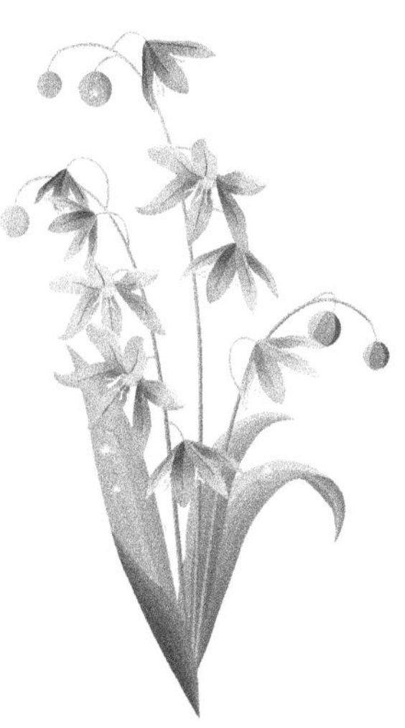

LA BEAUTÉ D'UN COUPLE

Ils se promènent main dans la main
Et à un détour du chemin,
S'arrêtant pour se reposer,
Un baiser d'elle est déposé.

Sa tête placée sur son épaule,
Ce dernier perdant le contrôle
La prend soudain dans ses grands bras.
Il aime même son aura.

Une embrassade d'amoureux
Et un vertige langoureux
Font de cet homme et de cette femme
Une fusion de leurs deux âmes.

Des âmes sœurs qui se complètent
Et nul besoin d'une amulette.
La protection vient de ceux-ci
Elle semble belle leur prophétie.

La prédiction d'une vie heureuse,
Non trépidante mais chaleureuse.
Marqués par un bon équilibre
Soulignons aussi qu'ils sont libres.

Cette liberté est importante,
Surtout en parlant de détente,
Ou pour certaines grandes décisions,
En préservant ainsi l'union.

Et la valeur de leurs sourires
Évitant de tout assombrir.
Une clarté dans leurs beaux yeux
Ils sont vraiment bénis par Dieu.

Dans toute chose il y a des bas,
Faisons confiance à leur combat.
Sont sympathiques pour l'entourage
Et admirables par leur courage.

Une famille comme tant d'autres
En la comparant à la nôtre.
D'autres enfants s'ajouteront
À leur premier joyeux luron.

Chantez l'amour, chantez l'espoir
Pour éviter bien des déboires
Belle musique en clé de sol
Pour toute peine, ils se consolent.

LA CENDRE DE SON REGARD BRUN

Me regardant avec amour,
M'a épousée pour tous les jours.
En apprenant à le connaître,
Son gros défaut celui de « maître ».

Dans sa pensée, lui il commande.
Insoumission, il réprimande.
Esclave d'un jour, esclave toujours,
J'en oublie même le mot « amour ».

Mutinerie, j'entends ses cris
Le tout suivi d'une moquerie,
J'ai peur de lui, j'ai peur de tout,
Me fait penser au méchant loup.

Si peu de temps pour des loisirs !
Je mets un terme à mes désirs.
Mon corps me lâche comme de raison
Et non à cause de la saison.

Ici parlons de dépression.
Soulignons mon humiliation.
Autour de moi on parle paresse
Ne comprenant pas ma détresse.

Et je retrouve la santé
En regagnant toute ma fierté.
Changement de vie, une décision,
Adieu à ma désillusion.

D'autres yeux bruns à rencontrer
Qui prôneront la liberté
Dans un regard plein de respect
Ma vie aura un autre aspect.

Si le temps vient changer des choses,
Mon passé n'étant pas trop rose,
L'espérance du lendemain reste
Avec mes désirs très modestes.

Encore merci à ma chère vie !
Chaque détail je l'apprécie.
Pas de regret sur ce passé
Car il m'a permis d'avancer.

LA FÉMINITÉ D'UNE AMIE

De par son identité sexuelle,
Cette femme, de façon perpétuelle,
Représente pour moi la féminité
Jusqu'à son départ pour l'éternité.

Sa séduction rappelle certains artistes,
Surtout provenant des impressionnistes.
Accueil, tendresse et réceptivité,
J'admire beaucoup sa sensibilité.

Patience, délicatesse, compréhension,
Avec son enfant, communication.
Grâce et grand raffinement au féminin,
Quelques petits défauts qui sont bénins.

C'est vrai que la féminité n'est pas
L'apanage d'un seul sexe dans tous les cas,
Mais la mère dont je parle dans mon écrit
Est femme jusqu'au bout près de son mari.

LA SANTÉ

Absence de maladie ou d'infirmité,
Pas suffisant pour parler de bonne santé.
Le bien-être physique, mental et social
Représente surtout l'objectif principal.

Lorsque l'homme vit enfin son autonomie,
Exempt de souffrances dans son milieu de vie,
Fonctionnant bien aussi longtemps que possible,
Nous parlons santé de façon admissible.

En ce qui concerne le mental de nos jours,
Encore difficile d'évaluer toujours
D'une façon rapide, sans erreur sans juger.
Il faut combattre sans cesse tous les préjugés.

En parlant santé on parle de bonheur.
Le spécifique du reste, caractère mineur.
L'équilibre constant du corps et de l'esprit
Permet un destin plus serin, mieux compris.

Inutile de chercher plus loin que la source
Sachant tout arrêter sans être à la course
Pour admirer la nature avec ses yeux,
La beauté d'un enfant pur et merveilleux.

LA SÉCURITÉ D'UN ENFANT

Il fait si noir dehors
Et je ne suis pas fort.
Les monstres peuplent ma nuit
Ça commence à minuit.

Mais non voyons petit !
Regardons sous le lit.
Tu vois ce sont les arbres
Ils ne sont pas en marbre.

Le vent les fait bouger
Ça doit te soulager ?
Maintenant ferme les yeux
Et pense un peu à Dieu.

Des ombres très normales,
Ta chambre non glaciale
Et maman qui te borde,
Repos sans une discorde.

Sers très fort ton doudou,
Endors-toi vite mon chou,
Maman n'est pas très loin
Pour ton réveil demain.

LA VALLÉE DES LARMES

Voilà une guerre et des massacres,
Ce ne sont pas des simulacres.
Des femmes violées, désespérées
Et nous en sommes très sidérées.

Des corps d'enfants sur les chemins
Toujours présents le lendemain.
Pleurez, pleurez très chers parents
Toutes ces morts, c'est effarant !

Les rides de la maturité
Naissant d'un corps trop exploité
Dans un enfer non périmé,
Des sentiments inexprimés.

Les yeux regardent mais ne voient plus
Ne comprenant guère les rébus
La nourriture se fait très rare
Le mot « faiblesse » remplace « pleurard ».

Silence de mort, silence curieux,
Ultime souffrance avant l'adieu.
Peu d'espérance d'un vent meilleur,
Trop fatigués pour être ailleurs.

Un monde sans guerre à espérer
Pour tous nos gens, pour nos foyers
Car au Québec nous sommes choyés
Vivons des jours ensoleillés.

La paix pour tous souvent très rare
Parfois cachée par un brouillard.
Sachons l'apprécier chaque jour
En répandant l'amour toujours.

LA VIE EN SOLITAIRE

Lorsqu'elle arrive à souffrir
Au point de vouloir mourir
Elle pense à ses longs silences
Suite à sa vie de violence.

Difficile de se confier
Et aussi de modifier
Ses habitudes de vie
Étant seule pour sa survie.

L'opportunité absente,
L'incapacité présente
D'exprimer ses émotions
Pour faire une dénonciation.

La personne tombe malade
Connaît la dégringolade.
Pas de communication,
Toujours de l'humiliation.

Ces problèmes sont réguliers
Dans le monde hospitalier.
N'a jamais eu l'habitude
De changer son attitude.

Ces histoires vont empirer
Dans les deux prochaines années.
Les ados ne parlent plus
Mais ils « textent » avec abus.

Philosopher disparaît
Analyser manque d'intérêt.
Les liens familiaux coupés
Les échanges vont déraper.

L'expérience des grands-parents
Peut aider ces étudiants.
Nous vivons dans un monde fou
Beaucoup d'enfants sont à bout.

Notre amour peut les sauver,
Leur apprendre à nous parler,
Bon pour leur santé mentale,
Bonne expérience parentale.

LAISSEZ-MOI VIVRE

Au nom du mot liberté,
Réclamée avec sûreté,
Il faut vivre et laisser vivre,
Une belle histoire dans mon livre.

La base d'une belle relation
Avec une appréciation
Comporte cette valeur première
Et tout ça n'est pas d'hier.

Parfois il faut négocier
Comme étant deux associés.
Mettre de l'eau dans son vin
Nos efforts ne sont pas vains.

Le secret d'un bel amour
Avec un très beau parcours
D'une durée illimitée
Avec la fidélité.

Liberté, grande liberté
Je peux vivre avec fierté.
On respecte ma personne
Avec tendresse, je rayonne.

LARMES DANS LES NUAGES

Tombe la pluie sur mon corps,
Sanglots sur un désaccord,
Souffrances d'un amour perdu,
Chagrin, cela continu.

Les nuages gris pleurent sur moi.
Quand reviendra-t-elle la joie ?
Tu es si loin maintenant,
Sur un autre continent.

Solitude quand tu me tiens !
Toi, ailleurs, mon grand soutien,
Celle que j'aime, mon adorée,
Inutile d'élaborer.

Les nuages parlent pour moi,
Ils indiquent mon désarroi.
Pleurez donc sans arrêter,
Braillez sur mon anxiété.

Espérance de retrouver
Une tendresse méritée
Pour fonder une famille
Avec des garçons et filles.

Il faudra mettre du temps,
Faire un choix très compétent
Mais peut-être qu'en la voyant
Je deviendrai clairvoyant.

Son regard sur ma personne,
Son accent sur les consonnes,
De l'imaginer d'avance
Me fait rêver d'une alliance.

LARMES SUR MON ÉTÉ

Triste pluie sur l'herbe mouillée,
Froid d'automne, lamentable été.
Tombent des gouttes sur mes fenêtres,
On annonce plusieurs centimètres.

Des dégâts d'eau dans des maisons,
Il faut se faire une raison.
Normalité pour la saison ?
Faisons donc une comparaison.

Les années passent, cela empire.
Des catastrophes et des soupirs,
Sans oublier toutes les larmes
Qui sont versées à chaque alarme.

Triste pluie sur l'herbe mouillée,
Qui me donne envie de crier
Car l'eau monte dans mon grand sous-sol,
Trop pour moi, j'en perds la boussole.

Dure réalité de la vie.
Mon Dieu ! Voilà que mon toit fuit !
C'est la cerise sur le sundae
Et comme un veau je vais brailler.

Heureusement, on m'envoie de l'aide.
C'est beau l'existence de l'entraide.
Il ne faut pas désespérer
Garder courage toute l'année.

LE CYBERESPACE

Notre nouvelle génération
En parlant éducation
Vit dans le cyberespace
Cela prend beaucoup d'espace.

Moins de communication
Et à bas les relations
Remplacées par les ordis
Et des textos mal écrits.

On ne parle plus aux parents
Cela devient effarant.
Les activités sont rares
Des familles dans le brouillard.

Place aux chers ordinateurs
À l'école, partout ailleurs.
Une drogue pour des drogués
Pas le temps de dialoguer.

Comment donc parler espoir ?
Commencez donc par la voir
Cette situation pénible
Déclarée inadmissible.

Le cerveau de nos enfants
Peut devenir parfois brillant
Mais développer l'humain
Priorité pour demain.

LE LABYRINTHE DE NOS SENTIMENTS

Il existe au moins dix catégories
Au niveau des émotions, et cela, en théorie.
On y retrouve le dégoût, la colère,
Dans cette dernière, nous nous sentons amers.

J'aime les sentiments de tranquillité.
Ils nous aident toujours à bien méditer.
Nous sommes encouragés, bien disposés,
Sans omettre l'envie de persévérer.

Éloignons les émotions de terreur.
Il en est de même pour celles de la peur.
Angoissés, horrifiés, terrorisés,
Apeurés, affolés, traumatisés.

Remplaçons par du positif : la joie.
Admiration de la nature, du bois.
Bien allègres, béats et très amoureux,
En bonne position pour être bienheureux.

N'oublions pas grande surprise et tristesse
Ahuris, abasourdis sans ivresse
Accablés, tristes, affectés et troublés
La faiblesse corporelle est dévoilée.

Il faut enfin aborder la fureur,
Le sentiment premier des bagarreurs.
Étant poussés à bout, enragés
Leur image en est désavantagée.

Le labyrinthe de nos grandes émotions
Est cause de notre différenciation.
Toujours parfaire la personnalité
Et combattre la superficialité.

LE MIEL DE L'EXISTENCE

Remercions le Seigneur chaque jour chaque nuit
En regardant le ciel et l'étoile qui luit,
Pour pouvoir écouter les chansons de la mer,
Pour pouvoir chantonner quelques-uns de nos airs.

La santé, la sérénité dans notre vie,
L'amour et l'amitié avec toi mon mari,
Sans compter le luxe des bons repas le midi,
Entre nous complicité, aucune perfidie.

Un grand verre d'eau froide, de l'air pur, un bon repos,
Voilà le secret du bonheur en quelques mots.
Toujours profiter de la vie à chaque seconde
Avec un sourire digne de notre grande Joconde.

Sans regarder en arrière pour les frustrations,
Toujours en oubliant les mauvaises émotions,
Aller de l'avant avec une grande attention
N'omettant pas notre propre évaluation.

Arrivera le temps de notre dernière heure,
Un court visionnement de la vie antérieure,
Des adieux sereins avec ceux que nous aimons,
Notre âme quittera la terre au-delà des monts.

Nous resterons présents dans leur environnement
Et vivrons par les gens grâce à nos enseignements,
Je déclare toujours que la mort c'est renaître
Il faut être bien fiers avant de disparaître.

Le miel de l'existence annonce une rare essence.
Il se ramasse depuis l'enfance, l'adolescence.
Toute une vie de très bons souvenirs accumulés
Et ce, avant de rejoindre le ciel étoilé.

LE MIROIR DE SON ÂME

Tombe la pluie sur sa fenêtre
Et moi je pense à son bien-être.
Vivant le crépuscule de sa vie
Lentement s'en va mon amie.

Serrant sa main contre mon cœur
Je lui fais part de ma douleur
En lui rappelant notre amitié.
Beaucoup de bonheur toutes ces années.

La racine de son dernier souffle
Près de sa belle paire de pantoufles
Marque mon cœur pour très longtemps
Mon corps réclame un remontant.

La chair inerte semble sereine.
Au loin on aperçoit un frêne
Le vent soufflant dans son feuillage.
Une âme est partie en voyage.

Aimée parmi les respectées,
Un papillon dans les foyers,
Son bénévolat apprécié
Par beaucoup de personnes âgées.

Le miroir de son âme luisant
Dans cette fin de vie, à l'instant,
Lui donne un sourire infini
Pour une belle histoire non finie.

Laissez-moi donc prier pour elle.
Dans sa mort je la trouve si belle !
À jamais je perds cette amie
Partie à cause d'une leucémie.

Son âme prête à l'ascension
Si pure, parfaite dans ma vision,
Allant vraiment dans l'au-delà
Par son exemple elle ébranla.

Dans son autre vie à venir
Puisse-t-elle venir pour me bénir
Je détecterai sa présence
Bien par-delà de son absence.

LE MIROIR DU BONHEUR

Un chemin qui court le long de la rivière,
Je m'oriente et me promène dans la bruyère
Admirant la belle harmonie de couleurs.
Je plonge et je nage dans le plus grand bonheur.

Spectacle de la nature à étudier.
Mes yeux pairs regardent et je me sens choyée.
J'apprécie ma forme physique et ma santé.
Avec les oiseaux, j'ai envie de chanter.

Je suis éblouie de voir toutes ces merveilles !
Suivant de très près le travail d'une abeille
Je la vois butiner d'une fleur à l'autre
Et un de ces jours son miel deviendra nôtre.

Des nuages cachent le soleil à l'occasion
Mais cela ne nuit nullement à ma vision.
La chaleur des rayons solaires sur ma peau
Fait me sentir bien, profitant du repos !

Ô miroir, tu réfléchis bien mon bonheur !
J'en suis transportée et j'en jouis à chaque heure.
Puisse-t-il irradier sur les gens près de moi,
Les rendre heureux en me voyant, toutes les fois.

LE NOËL DES ENFANTS

Cette année, Noël uniquement pour les enfants,
Un de ces moments parmi les plus triomphants
Vient mettre en vedette l'innocence de ces derniers
Et aussi le fait qu'ils méritent d'être choyés.

Je voudrais souligner la pureté de ces êtres
Et que nous, adultes, jouons le rôle de leurs maîtres
En étant leurs modèles. C'est vrai qu'ils nous observent
Et nous devons donc communiquer avec verve.

De nous, ils apprendront tout, et je pense au bien,
Avec l'objectif de faire d'eux de bons citoyens,
Des personnes honnêtes, respectables et dévouées
Mais en attendant, montrons-leur donc à jouer.

En cette belle et grande période de festivité
Partageons paix et amour avec gratuité.
Si tous les gens faisaient des gestes de la sorte,
Les idées de guerre et de bataille seraient mortes.

Bonne année 2015 et un joyeux Noël.
Oubliez quelque peu le côté matériel.
Pensons plutôt à sérénité et santé.
J'embrasse vos chers enfants et j'en suis enchantée.

LE PRINTEMPS DE LA VIE

Dans le ventre des mamans
Plusieurs instants, calmement,
Des fœtus qui apprécient
Chaque moment, et les voici.

Au printemps d'une existence,
Ont besoin d'une bientraitance
Et l'éthique des parents
Change parfois au fil des ans.

Ils donnent tout à leurs enfants.
Il y en a qui, triomphants,
Veulent être des dominants,
S'obstiner en refusant.

Il ne faut pas « lâcher prise ».
Un jour, cesseront les crises.
Travaillons la discipline.
Pour des trucs, maman bouquine.

Pas facile d'être parents.
Il faut être persévérants.
Dans le monde d'aujourd'hui,
Ont besoin de notre appui.

Apprécions les bons moments,
Les câlins de chaque instant,
La bonne humeur évidente
Et l'atmosphère accueillante.

Encadrons donc les tout-petits
Avec beaucoup d'empathie.
N'oublions pas, nous, adultes,
Que c'est normal des tumultes.

Après le printemps, l'été
Merci pour la belle santé
Le soleil nous dit bonjour
Les enfants font des mamours.

LECTURE SOUS MON ARBRE

Assise sous mon érable champêtre
Dans le cimetière de nos ancêtres,
Éloignée du bruit de la grande ville,
Loin du boucan des automobiles,

J'ai ouvert mon livre préféré
Pour pouvoir ainsi décolérer.
Personne qui empiète sur mon espace
Et s'envolent la colère, les angoisses.

Cela m'aide, le monde imaginaire
D'un roman et non d'un dictionnaire.
En vivant dans la fiction j'oublie
Toutes les grandes déceptions de ma vie.

Chacun des personnages joue un rôle.
J'apprécie beaucoup ceux qui sont drôles.
Ma crise d'adolescence se passe bien
Grâce à ce cimetière canadien.

Me protéger et fuir dans ma bulle
Même dans une période de canicule
Ne me fera pas grandir demain.
Il faudra prendre un autre chemin.

Faire face à mes ennuis journaliers.
Ne point laisser quelqu'un m'humilier.
Garder le sourire assez souvent
Même après un moment éprouvant.

Je me suis attachée à mon bel arbre.
Le caressant, il n'est pas de marbre.
Il est vivant. La beauté des feuilles
Me réserve un chaleureux accueil.

LES BARREAUX D'UNE CAGE

Très peu expérimentée
On se retrouve mariée.
Connaissant guère son mari
Vite arrive la tragédie.

Terminée la liberté.
On se voit manipulée
Par un homme dominateur
Jaloux et fou, à ses heures.

Il veut toujours contrôler
Et sans arrêt décider
Dans les plus petits détails.
Trop fort pour une bataille.

Ce mariage est comme une cage
Décidé sans être sage.
Difficile de s'en sortir,
On se fait anéantir.

Des unions sont réussies.
S'unissant à son ami,
Ses défauts et qualités
Connus sans ambigüité.

Il vaut mieux parfois attendre,
Un risque peut nous surprendre,
Mieux connaître la personne
Pour savoir si elle est bonne.

Les mots « VIVRE ET LAISSER VIVRE »
Sont une forme de savoir-vivre.
Respectez chaque être humain
Lorsqu'il vous donne sa main.

Une bonne chance à toutes les femmes
Pour qu'elle guérisse bien leur âme
S'opérant une bonne chimie
En choisissant bien l'ami.

LES CADEAUX DE LA VIE

Un papillon voltige près des fleurs
Embellissant tout par ses couleurs
Et la petite abeille vient aussi
Nous démontrant son acrobatie.

Je suis ébahie devant la mer
En comprenant mon cher Homer.
Un phare guidant nos grands bateaux
Mon chant s'élance en vibrato.

Sous les nuages en cumulus
Tout vient chercher mon stimulus
Mon corps tremble de plusieurs émotions
À regarder toute cette création.

L'arbre avec ses racines gigantesques !
Surprenant de voir ces arabesques,
Après des années pour prendre forme
Chacun se présente non uniforme.

Coucher de soleil avec rayons
Ressemblant à des traits de crayons
Sur un amas de fleurs toutes blanches
En cette belle journée, ce beau dimanche.

Vas-tu venir homme de ma vie ?
Mon désir est inassouvi.
En attendant je bénéficie
De bien des présents comme ceux-ci.

Mes yeux pour regarder la nature
Et admirer ces chères créatures,
Des animaux de toutes les sortes.
J'aime cette vie qui m'a faite forte.

Tant de cadeaux de la vie partout
Provenant de la nature, surtout,
Mais je n'oublie pas les émotions
Causées souvent par ta grande passion.

LES DROGUÉS DE LA NUIT

Souvent ils souffrent d'insomnie
Et se promènent dans la nuit.
Le nez qui coule, les yeux vitreux,
Ils ne seront jamais heureux.

Paupières tombantes, regard rougi,
Par de l'angoisse, sont envahis.
Toussotements, perte de poids,
Ils semblent parfois aux abois.

Un teint laid anormalement pâle
Ce n'est pas là le principal.
Dépression et grande solitude
Avec une drôle d'attitude.

Sautes d'humeur inexpliquées,
Agissement inapproprié.
Constat d'un manque d'énergie,
Égoïsme au long de la vie.

Avertissement à nos enfants
D'éviter ce monde étouffant.
Pour s'en sortir il faut connaître
Un enfer avant de renaître.

Oui c'est possible bien entendu,
Les sceptiques seront confondus,
De quitter ce lourd milieu
Peut-être avec l'aide de Dieu ?

LES PERSONNES ÂGÉES

Les personnes âgées ont beaucoup donné.
Elles ont trouvé le temps de rayonner,
Ayant une bonne influence sur nous tous.
Pour la plupart ce sont des personnes douces.

Elles ont bien besoin de notre tendresse,
Nous accueillant d'un cœur plein de jeunesse.
Un beau sourire et une main rassurante,
Des personnes si humaines et bienveillantes !

La richesse de chacune de leurs histoires
Concernant bonnes nouvelles ou déboires
Est intéressante à écouter tout le temps.
Elles font partie d'une classe de combattants.

Ces femmes et ces hommes doivent être admirés
Et grâce à eux je me sens bien inspirée.
Il y a à dire sur leur vie difficile.
Dans le passé, tout était moins facile.

Suant pour nourrir une famille nombreuse
Et connaissant des épreuves douloureuses,
Ces parents ont passé à travers tout
Et ils sont dignes d'avoir une interview.

Par leurs expériences elles peuvent enseigner.
Elles sont les personnes les mieux désignées
Pour nous apporter aide et grand soutien.
Inutile d'être un académicien.

Profitons de leur générosité.
Écoutons-les avec assiduité.
Elles vont nous apprendre les valeurs d'une vie.
Cela aidera à notre survie.

LES RÊVES

Entre guillemets,
Les rêves nous gardent jeunes.
Je me permets
De rêver d'Edmonton.

J'aime les voyages
Prolongeant la jeunesse.
Enfantillage ?
Je manque de richesse.

La vie qui change
Peut nous permettre un jour
Qu'on la louange
Pour un rêve de toujours.

Gardons espoir
Ce jour et pour demain.
Il va falloir
Poursuivre le chemin.

Et toi mon ange
Vas-tu veiller sur moi ?
C'est si étrange
Mon rêve d'autrefois.

Puis-je le changer,
Le mettre réaliste
Et l'adapter
Moi qui suis une artiste ?

Au lieu d'un rêve
Je m'en ferai plusieurs,
Une liste brève,
S'il faut, j'irai ailleurs.

Nous méritons
De prendre soin de nous.
Quatre saisons,
Elle tournera la roue.

Pour en finir
Nous portons dans notre
âme
Un devenir,
Récolte qui désarme.

Rêve qui s'ensuit,
Maintenons nos désirs.
L'étoile nous suit
Oublions nos soupirs.

Vient avec moi
Pour être heureuse demain
Tu conduiras
Tout le long du chemin.

LIBERTÉ

Agir sans une contrainte,
De façon non restreinte,
Pas de séquestration,
Surtout pas de prison.

Éloignement de la cage,
Comportement très sage.
Bonjour autonomie
Sans nuisance à autrui.

Oublie la servitude
D'esclave par habitude.
Je trouve ma liberté
Et ce avec fierté.

Égalité, justice,
Tout cela c'est gratis.
Je remercie le ciel
Plusieurs fois, au pluriel.

Vote et information,
Syndicat, opinions,
Différentes libertés,
Vraiment je suis gâtée.

Pour ça il faut savoir
Comment se prévaloir
D'être libre et heureux
Et non un malheureux.

La liberté d'un couple
Capable d'être souple
Mérite notre attention
Et félicitations.

LUMIÈRES SUR MA VILLE

Que se passe-t-il la nuit dans ma grande ville ?
J'aimerais vous parler d'eux, être volubile,
Mais on y retrouve beaucoup de mystères,
Ils ont des secrets, sans en avoir l'air.

Tout le nord s'illumine dans sa beauté.
Je suis si fière de cette communauté !
Lumières éclatantes, visibles, éphémères
Que j'admire beaucoup auprès de ma mère.

Côte à côte sur des trottoirs bitumés
À humer plusieurs senteurs parfumées,
Nous marchons en regardant les voitures,
Les styles et les formes de l'architecture.

Des panneaux publicitaires de toutes sortes
Bien éclairés au-dessus de chaque porte,
Voilà notre centre-ville bien vivant
Qui accroche l'œil des nouveaux arrivants.

Les lumières des autoroutes brillent le soir
Évitant aux conducteurs des déboires.
Le chemin étant très bien éclairé,
Ils peuvent plus facilement se repérer.

Nous sommes arrivées à destination :
Un cabaret de musique et chansons.
On entend parfois de la poésie
Ils donnent libre cours « à leur fantaisie ».

MAGIE DE L'INSTANT

Dédié à Mikaël, 2 ½ ans

Le sourire d'un enfant
Au regard triomphant.
La main de ce dernier
Me serrant prisonnier.

Des instants de magie !
Débordant d'énergie
Je le prends dans mes bras
Mon bien-être immédiat.

Partant souvent à rire
Ce garçon à chérir
Fait notre grand bonheur
Et il nous fait honneur.

Un très petit bout de chou,
Pourtant il comprend tout !
Il nous surprend souvent.
Le voir c'est captivant.

Et ses yeux nous observent,
Une surprise il réserve,
Féérie d'un moment
Souhaitée ardemment.

Un si beau petit homme
Et déjà gentilhomme !
Sans même le demander
Il offre à nous aider.

Nous aimons ce petit
L'aimerons toute la vie.
Plusieurs notes de musique,
Symphonie angélique.

Comme tous les enfants
Une crise nous surprend
Dans son monde étonnant
Il se fait chagrinant.

Ça ne dure pas longtemps
Car il rit très souvent.
Sera-t-il enjôleur
Pour « briser bien des cœurs » ?

MALADIE

Souffrance continue,
Malaises malvenus,
Sanglots toujours cachés,
Épanouissement gâché.

Des larmes pour mon chagrin,
Douleurs dans mes deux reins,
Migraines assidues,
Soulagement attendu.

Sinus, bronches et poumons,
Supplices en tourbillons,
Vomissements du mauvais,
Personne à mon chevet.

Médicaments miracles,
À bout de mes obstacles,
Ma santé retrouvée,
Fini d'être éprouvée.

Un calvaire terminé,
Ma joie très spontanée
Mon corps très soulagé,
Je me sens moins âgée.

Une pensée sincère
Me semble nécessaire
Pour les personnes souffrantes,
Pour les personnes mourantes.

Désespoir d'un malheur,
Loin de toute chaleur.
Un froid les envahit
Et elles souffrent aujourd'hui.

L'amour vient aplanir,
Importants souvenirs
Qui viennent adoucir
Qui viennent les endurcir.

Ces écrits exorcisent
Les afflictions de Louise
Souhaitant à tout le monde
Bonheur chaque seconde.

MAMAN

Maman tu vivras toujours
Dans mon esprit, par mon amour.
Ton grand dévouement pour moi
Représentait un feu de bois.

Ta chaleur réconfortait,
Tes enfants n'étaient plus inquiets,
Toi, pilier de la famille
Et moi, si fière d'être ta fille.

Nul besoin d'avoir de preuves,
Bonne attitude dans les épreuves,
Une émotion affective,
Voilà ma mère compréhensive.

Frappée par la maladie,
M'a semblé loin ce paradis.
Il manquait notre maman,
Mélancolie et larmoiement.

De l'eau salée sur ta joue,
Grande tristesse en ce mois d'août.
Loin des enfants trop longtemps,
Encore des chocs qui prennent du temps.

Lueur d'espoir à cueillir,
Besoin de nous pour t'en sortir,
Une dose d'amour à miracles
Pour venir à bout des obstacles.

Je t'aime encore au pluriel
Par ma nature spirituelle.
Aujourd'hui ton corps n'est plus
Mais ton âme elle m'a entendue.

MAMIE ET LE MONDE PARALLÈLE

Au-delà de la mort,
Au-delà de l'univers,
Envoyée dans le cosmos,
Mon cerveau l'a découvert…

Par une série d'ondes
Tu renais sans cesse
Dans ton autre monde
Comme une déesse.

Un monde parallèle
Où tu vis à l'aise.
Nul besoin d'ailes
Toi, ma toute belle.

Dans des souvenirs
Que j'affectionne toujours
Voilà ma très chère mère
Et elle me libère.

Le joug du méchant
Terminé maintenant,
Difficile de vivre,
Respirer, survivre.

Oui je veux le croire !
Maman tu es vivante
Et je garde espoir
Que tu me protèges.

Au-delà de la mort,
Au-delà de l'univers,
Je te sens encore,
À plus tard, j'espère.

MARCHER DANS LE SILLAGE

Mon grand-père méritait d'être connu.
Bonté, bienfaisance, serviabilité
Et beaucoup de qualités reconnues,
Travailleur maçon dans la dignité.

Cet homme a déposé la première pierre
Lors de la construction d'une cathédrale.
Alors, je demeurais à Trois-Rivières
Son sourire me remontait le moral.

Nos grands-parents ont besoin d'être aimés,
De faire partie de notre vie sociale
Et permettez-moi de vous affirmer
Leur importance du côté familial.

J'ai perdu mon cher grand-papa trop vite.
Son grand amour me manque énormément
Et personnellement je vous invite
À vous rapprocher d'eux spontanément.

L'expérience de leur passé compte beaucoup.
Écouter toutes leurs histoires nous apporte
Des connaissances méritoires tout à coup
Et nous en entendons de toutes les sortes.

C'est vrai que des diplômes c'est important
Mais l'accumulation de faits passés
A très souvent construit des combattants
Et la relève devrait les embrasser.

Marchons dans le sillage de ces gens
Très expérimentés et indulgents.
Sensibles aux doux regards de nos enfants,
En exprimant leurs moments triomphants.

MÉLANCOLIE DES SOUFFRANTS

Mélancolie quand tu nous tiens,
Abattement qui se maintient,
Nostalgie des beaux jours perdus,
Contrariant ce chemin ardu.

Vivoter plutôt que de vivre.
Pas de santé, il faut survivre,
Toujours penser au lendemain,
Déchirements par trop humains.

Montagne abrupte à surmonter,
Temps périlleux à affronter.
La société pour un soutien,
Souffle de vie qui nous maintient.

Ouvrir nos yeux aux petites choses
Pour en atteindre les grandioses,
Trouver en elles un réconfort,
Nous remercier de nos efforts.

Froidure difficile de l'hiver
Qu'on endurait encore hier.
Soleil, soleil, nous t'apprécions,
Réchauffe-nous de tes rayons.

Tenir la main de notre enfant,
L'entendre rire à tous moments,
D'autres raisons à apprécier.
Nous sommes sur terre quand même choyés.

Ne pas dévier de notre route,
Suivre la trace sans aucun doute,
Montrant l'exemple à la relève,
Être un modèle pour nos élèves.

Mélancolie éloigne-toi.
Je te remplace par de la joie.
Assez, pour mes nombreux efforts !
Je cherche maintenant un bon confort.

MERVEILLEUSE VIE !

Dans une maison chaleureuse
Vivant ma vie amoureuse,
De l'ardeur dans mes actions
Permettant mes créations.

Des gens lisent ma poésie,
Partout, même en Tunisie.
Je travaille surtout la nuit,
Très souvent après minuit.

Regardant la société,
Remarquant son anxiété,
Mes messages veulent rassurer
Avec des phrases structurées.

Je parle de tous les sujets,
Sans oublier le budget.
Drogue, amour ou amitié,
Poète, mon nouveau métier.

Je voudrais qu'on me comprenne.
Par mes mots je sème des graines.
Ils s'envolent avec le vent
Et souvent sont émouvants.

Mes écrits vont-ils rester ?
Vais-je pouvoir le constater
Pendant ma courte existence
Dans diverses circonstances ?

Il faut toujours espérer
Être un peu considérée.
Moi je veux aider les gens
Plus important que l'argent.

MES OISEAUX

Tous les jours ils s'envolent.
Je constate leur survol.
Tout à coup ils sont loin
Mais j'attends néanmoins.

Ils reviennent sans arrêt,
C'est dans leur intérêt.
Leur maison les attend
Elle est près d'un étang.

Sont-ils si différents
D'un non itinérant,
De toi ou moi, humains
Quant on voit leur chemin ?

Leur famille, comme nous,
En ce très beau mois d'août
Est nourrie et apprend
Grâce à leurs chers parents.

Ils ont récupéré,
Ont appris à voler,
Toute une vie devant eux
Ils sont là les adieux.

Ils vont bien me manquer
Moi qui les ai traqués
Avec mon appareil :
Des photos sans pareilles.

Une offrande en cadeau
Un livre sur les oiseaux.
Étudier, mieux connaître
Les secrets de ces êtres.

Ils nous montrent la vie
En construisant leur nid
Connaissent des tragédies
Mais Dieu les a bénit.

MIROIR RÉPONDS-MOI

Je m'examine dans le miroir
Se trouvant dans mon petit boudoir
Et tout à coup je vois des rides
Surtout près de ma thyroïde.

Mon cou plissé n'est plus le même,
Cela me semble être un problème.
Moi qui passais pour une jeune femme !
J'en étais fière au fond de l'âme.

Je n'ai pas vu venir le drame.
Cela a surpris la madame.
Il faudra bien que j'en revienne,
Je suis une bonne Abitibienne.

Miroir, miroir, réponds-moi donc !
Est-ce que je suis une femme quelconque ?
Les rides de ma maturité
Vont refaire ma mentalité ?

Pourtant je n'ai guère changée
Même si je mène une vie rangée.
Je me sens émue près de mon homme
Et je ressens comme une médium.

L'âge ce n'est guère important
Près de quelqu'un réconfortant.
Délicatesse, plus grande tendresse
Et moi je vis dans l'allégresse.

MISSION POSSIBLE

Tous ces enfants qui crèvent de faim
Près de gens riches séraphins !
La nourriture qui se gaspille
Pourtant très près de leurs papilles.

Partages par les gouvernements
Très nécessaires, absolument.
Les riches donnant aux moins nantis
Parlons espoir, soyons gentils.

L'humanité s'autodétruit.
Elle continue malgré le bruit
Des voix de ceux qui la dénoncent
En espérant voir qu'elles renoncent.

L'eau précieuse en disparition
Et sa mauvaise exploitation.
Malgré les cris des hommes de science
Le monde n'a pas beaucoup de conscience.

Pour de l'argent on détruit tout
Et c'est comme ça un peu partout.
Écoutez-moi mes chers amis
Faut faire cesser ces infamies.

Pensons à la relève, demain.
Ensemble, prenons-nous donc les mains.
Voyons-là une mission possible
Pour chasser les dossiers horribles.

Un but possible mais difficile
Car un grand nombre d'indociles
Continueront l'exploitation
En détruisant la création.

Faut pas lâcher, faire un effort
Nombreux en masse, nous serons forts.
Demander aux gouvernements,
Faire notre part, évidemment.

MON ÂME ET LA LUNE

Je déambule dans ce désert
En repensant à ma misère.
Émoi nocturne bien éphémère
Pour oublier mon goût amer.

Rayons de lune dans mon décor
Viennent exposer mon pauvre corps.
Autour de moi un cimetière
Avec des tombes, lieu de prières.

À la clarté de cette lune
Je repense à mon infortune
Ayant perdu mon seul ami
D'un dur cancer, la leucémie.

Mon âme souffre sous ces beaux astres.
Je suis choquée de ce désastre.
De mon si grand effondrement
Je m'en remets mal, évidemment.

Les objets célestes très visibles
Me paraissent même accessibles
Semblant m'annoncer et me dire
Une autre belle vie à prédire.

Tu es vivant mon cher mari,
Mon confident, mon grand chéri.
Au-delà de l'astre lunaire
Tu vis par moi sur cette terre.

Grâce à toi je vais m'en sortir.
Une autre vie je vais bâtir.
Bien combattre ma fragilité
La changeant pour solidité.

MON CARGO

Je transportais ma marchandise
Si laborieusement acquise
Mais il a coulé mon cargo.
On peut entendre mes sanglots.

Intérêt aux principes de vie.
Écoutez-moi bien mes amis,
Trop en faire et tout en même temps
Peut vous rendre malade très longtemps.

C'est beau d'accumuler des biens
Pour être un noble Abitibien
Mais attention à la santé
Vous risquez d'être tourmenté.

Il faut penser à des loisirs
Savoir comment se faire plaisir
Trouver des instants de repos
Des trucs pour rester bien dispos.

J'ai choisi tant de marchandises
Trop laborieusement acquises.
Il a bien coulé mon cargo.
On a entendu mes sanglots.

MON CHER ONCLE

En mémoire d'oncle Lawrence.

Dans des moments difficiles de nos vies
Mon très cher oncle donnait son avis
Nous avions tous une si grande attention
Pour la peine, il sortait l'accordéon.

Il aimait énormément le social
Et avec lui, pas de cérémonial.
Sa simplicité faisait sa beauté,
Homme respecté dans sa communauté.

Jouant aux cartes avec des gens rieurs,
N'aurait pas voulu se trouver ailleurs.
De grands amis pour toute l'éternité
Penser à lui c'est la continuité.

Mon très cher oncle des plus travaillants,
Il observait, paraissait clairvoyant,
A élevé dans la bonté sa famille
Et celle-ci connue comme étant gentille.

Son dévouement lorsqu'on le demandait
Était présent, il n'était pas muet.
Il va nous manquer, c'est bien évident
On perd parfois nos meilleurs confidents.

Mes contacts avec lui ont été rares
Surtout dans mes moments de grands brouillards
Mais la quantité importe si peu
La qualité devient le merveilleux.

Pour nous, cher oncle, ce ne sont pas des adieux
C'est vrai qu'il y a une belle vie dans les cieux
Merci infiniment pour ta présence
Dans ces chers moments de notre existence.

MON DOUDOU

Tu as vu mon doudou Papa ?
Quand je le respire, je pense à toi.
Je lui parle à tous les jours
Il est pour moi un grand amour.

Petit ourson jaune sur mon lit,
Près de ma poupée Aurélie,
Il me fait rêver à des choses.
Je me vois dans un monde en rose.

Je le sers très très fort contre moi
Et cela me donne de la joie.
Avec lui je ne suis pas seule
Et puis il y a notre épagneul.

Quand nous partons nous promener
Mon doudou toujours à amener.
Mon cher compagnon de toujours
Je le traîne partout dans ma cour.

Il faut le laver si souvent !
A perdu son éclat d'avant.
Voyez mon unique doudou
Et touchez à son poil très doux.

Il n'y a qu'un doudou au monde
Pour me rendre heureuse à la ronde.
Merci Seigneur pour mon ourson.
Merci à mes parents très bons.

MON GRAND PANIER

Que restera-t-il après mon départ,
Lorsque j'aurai traversé le brouillard
De ma santé précaire et de la vie
Avec plein de désirs inassouvis.

J'amasse chaque heure, dans mon cher panier,
Beaucoup de trésors comme dans un grenier,
Souvenirs d'un jour, souvenirs toujours
Concernant aussi plusieurs bons séjours.

Voyages en famille, beaux rassemblements,
Avec de l'amour et de bons débordements.
Il y a aussi mes mots et mes écrits
J'ai fait imprimer plusieurs manuscrits.

Pour chaque seconde de bonheur pousse une fleur
Et la floraison montre des couleurs
De toutes les sortes au fil de mes années.
Ma chaleur les empêche de se faner.

Dans la vie, il faut faire de bonnes actions
Et dans un couple de la négociation.
Laissons de côté les regrets amers
Un bon enseignement de nos très chères mères.

Toutefois pour conserver notre jeunesse
J'ai un secret et je vous le confesse.
Ayons toujours au moins un grand projet,
Pour un objet ou encore un trajet.

Ne nous éloignons pas de nos amours
Et conservons notre sens de l'humour.
Si nous pouvons aussi nous affirmer,
Inutile, dans ce cas, de s'alarmer.

Je mettrai demain dans mon grand panier
Tous les amours que j'aurai déployés
Des trésors d'amitié et de tendresse
Un très grand panier rempli d'allégresse.

MON PETIT LUTIN DE NOËL

Mignon comme tout ce lutin !
Admirons son air mutin.
Un regard bien éveillé,
Un sourire dépareillé.

Bientôt trois ans bien sonnés.
Dans nos bras a rayonné.
De la vie autour de moi
Causant souvent mon émoi.

Il court dans ma grande maison
Dans le froid de cette saison.
Avec son gros camion jaune
Il occupe toute la zone.

Je t'aime petit bout de chou.
De tous, tu es le chouchou.
Pour toi, j'ai fait mon sapin
J'embrasse ton visage poupin.

J'allumerai les lumières
Répondant à ta prière
Illuminant de couleurs
Mon arbre porte-bonheur.

MON PHARE IMAGINAIRE

Je rêve d'habiter dans un très beau phare
Pour méditer et chasser mon cafard
En surveillant un système d'éclairage
Même si ça me demandait du courage.

Du haut de ma tour, j'illuminerais.
Antibrouillard, le phare annoncerait
Plus sûrement la seule entrée portuaire,
Une grande dangerosité de la mer.

Il en existe mille cinq cents en service
Mais il y en avait beaucoup plus jadis.
Ils signalent les parages trop dangereux
Aux marins, sur la mer, qui sont heureux.

Des retours de vagues frappant les rochers
De grands ressacs experts pour malmener
Les bateaux qui s'approchent un peu trop près
De la côte, et ce, sans le faire exprès.

Dans les revues, l'image du bâtiment
Avec des nuages gris dans le firmament
Et des reflets de lune sur l'océan,
C'est tellement beau, ça fait rêver les gens.

NATURE MORTE

Pollution quand tu nous tiens
Sur l'eau, la terre ou dans l'air
Et nous, cherchant un soutien,
Un appui plus qu'ordinaire.

Nature morte se transmettant
À mon cœur et à mon corps
On me gruge dans mon dedans
J'en appelle au meilleur sort.

Charbon, coupe de bois, déchets,
Des égouts à ciel ouvert,
La liste est longue à regret
Et tout n'est pas découvert.

L'homme se tue à petit feu,
On parle maintenant d'une urgence,
Avant de faire mes adieux,
Je fais part d'une exigence.

Il faut sauver nos enfants,
La relève de demain.
Agissez dès maintenant.
L'avenir est incertain.

Entendez-vous ma prière
Répandue dans le cosmos ?
Ferez-vous tout pour être fiers
Supprimant les choses atroces ?

Ah ! Bel enfant dans mes bras
Né dans ce monde en folie.
Magie, abracadabra !
Partie la mélancolie.

NATURE TU M'INSPIRES

Les feuilles mortes sur la terre mouillée
Présente un signe qu'elle semble maquillée.
Avec des couleurs variées, chatoyantes
À cause de la pluie, flaques miroitantes.

Avec mon imperméable rouge et blanc
J'aime me promener tout en observant.
L'attrait des formes des arbres dénudés
Attire sans cesse mon regard étonné.

Comme elle est belle cette nature qui m'inspire !
Je respire bien pour ensuite un soupir.
À sentir les odeurs autour de moi
Me fait apprécier mon petit sous-bois.

Un silence profond plane dans l'atmosphère.
Cette tranquillité fait bien mon affaire.
Loin de la grande ville pour me reposer
Je regarde et admire pour composer.

Souvenirs en poésie sur du papier
Seront, pour vous, ensuite photocopiés.
J'y retournerai dans mon cher sous-bois
Avec émotion, avec grande joie.

NOS SOUVENIRS

On peut vraiment tout nous prendre
Et cela sans s'y méprendre :
Argent, santé, matériel,
Mais mes yeux voient l'arc-en-ciel.

Souvenirs, mémoire des beaux jours,
Rappelons-nous nos amours,
Paysages merveilleux
Et les repas délicieux.

Sérénades du pinson
Ou remarquables chansons,
Bons moments pour proclamer
Nombreux souvenirs à aimer.

Tu te rappelles chéri
Nos fiançailles une nuit ?
Le beau temps lors du mariage,
Et la mer, les coquillages.

L'arrivée de notre fille
Pour former une famille
Fut un des très grands bonheurs,
Il y en a d'autres à chaque heure.

Je me fais un grand devoir
De très bien me prévaloir
Des moments les plus heureux
Et d'instants très chaleureux.

De mes cinq sens je profite,
Aussi des rencontres fortuites.
Un baume de bonheur s'ajoute
Lors de voyages sur les routes.

En regardant toutes les fleurs
Il me vient une chaleur
De mon esprit et du cœur
Autre moment de vainqueur.

NOTRE LANGUE FRANÇAISE

Difficile de vous prédire
Ne voulant pas me dédire
Le progrès de notre langue
Alors que le bateau tangue.

Instabilité prouvée
Que je ne peux approuver
Mais que puis-je y faire, moi seule
Alors que plusieurs sont veules.

Et puis il y a « facebook »
Grâce au portable « ultrabook »
Où on retrouve un français
Avec des fautes en excès.

Les jeunes y apprennent très mal
Phénomène trop anormal.
Je dénonce ce langage,
Les fautes de ce gribouillage.

Les erreurs trop répétées,
Sujet de contrariétés,
Font que notre langue s'envole
Et ce même dans nos écoles.

D'habitude je parle espoir
Mais ici mon désespoir
Je l'annonce sans contredit.
Ne jouons pas la comédie.

NOUVEL ŒIL SUR LA NATURE

Voilà l'aube qui ressuscite
Un flambeau de réussite
Notre soleil simplement
Allume tous les éléments.

Les animaux se réveillent
Encadrés par les merveilles
De nos arbres centenaires,
Une vision pas ordinaire.

Rouge, vert et jaune orangé
Forment un mélange coloré.
Un décor impressionnant
Dans un arôme étonnant.

Des nuages si ouatés
Avec des formes à satiété
Qui s'assombrissent grâce au vent
Instabilité de temps.

Et tout à coup ils arrivent !
Des nimbostratus dérivent.
Tombe la pluie sur les toits.
J'aime recevoir l'eau sur moi.

Mains en l'air je tourbillonne.
Humant l'air mon corps frissonne.
Nouvel œil sur la nature
Protégeons les créatures.

Nature sauvage indomptée
Et animaux adaptés.
Pas le temps de m'ennuyer
De la pluie à essuyer.

Au printemps l'agriculture
Importante fourniture
Pour notre alimentation.
Une très bonne appréciation.

De nouvelles fleurs pousseront
Transformant mes environs
Sans compter l'eau de mon lac
Que j'admire de mon bivouac.

OURS MAL LÉCHÉ

Toujours à se plaindre,
Comment le dépeindre ?
N'est jamais heureux,
Pas très chaleureux.

Souvent très grossier,
Il semble aboyer.
On a peur de lui,
De jour comme de nuit.

Alcool et drogue,
Il manque de dialogue.
Souvent impoli
On pense à « folie ».

C'est un solitaire
Qui devrait se taire.
Il vit dans sa bulle
Souvent il fabule.

Va-t-il s'en sortir
Enfin consentir
À changer de vie
Alors qu'il vieillit ?

L'homme en général
Et c'est viscéral
De cause à effet
Peut faire des méfaits.

Mais l'histoire le dit
Et sans contredit
Peut avoir une chance
Grâce à sa conscience.

Il y a le temps,
Des gens compétents,
Plusieurs sont altruistes,
La bonté existe.

Courage à cet ours,
Il y a des ressources.
Direction nouvelle,
Il aura son miel.

PATIENCE

Calme et maîtrise de soi,
Pas seulement quelquefois,
Connaissant la sagesse
La patience, ça s'exerce.

Qualité essentielle,
Un travail graduel,
Votre intérieur calmé
Vous pourrez méditer.

Pour un petit enfant
Un sourire accueillant
Se maîtriser souvent
Beaucoup moins éprouvant.

Un art à travailler.
Plutôt que d'aboyer
Le parent doit montrer
L'exemple à imiter.

Excusez ce poème,
Mon cent cinquante-neuvième.
Pour la postérité
Il faut le réciter.

PHILOSOPHIE DE LA VIE

Si tu es anxieux, tu vis dans ton futur.
Cette psychologie de réaction torture.
Une attitude de la sorte empêche la paix
Dans notre univers et en bien des aspects.

À cause de cela une grande souffrance naîtra.
Il faut t'en délivrer et bon débarras.
Pense plutôt au présent, à chaque seconde,
Enrichissant ton existence dans ce monde.

Tu vivras ton avenir plus positivement,
Améliorant ton sort affectivement.
Avec l'amour, tout est possible sur terre
T'évitant ainsi de vivre des calvaires.

Ce que j'en dis, mon cher ami, c'est pour toi.
Mon expérience dans ma vie, pour une grande joie,
Découle de cette philosophie de la vie.
Tu peux croire que jamais elle ne m'a trahie.

Si cela n'a pas toujours été le cas,
Car l'histoire de mon passé, c'est délicat,
Je laisse tout derrière moi sans aucun regret
Pour laisser seulement la place au progrès.

Comme toi, j'ai du travail à faire sur moi-même
Pour que ma personne et mon entourage m'aiment.
Mon but premier est de toujours avancer
Et quand je me trompe, je peux recommencer.

Inutile d'aller aux Indes ou au Japon
Afin de philosopher de cette façon.
Nous avons nos poètes, ici, au Québec
Vous offrant leurs mots et vous vivez avec.

PLEURER

Je pleure ma peine comme jamais
Car j'ai atteint mon sommet.
L'affliction que je ressens
Je vais la vivre longtemps.

Les larmes coulent sur mes joues
Et elles tombent un peu partout.
Un goût salé sur mes lèvres
Chaleur profonde de ma fièvre.

Comment parler d'une douleur
Causée par un séducteur ?
Il m'a quittée pour une autre
Ma disgrâce n'est pas vôtre.

Il était mon protecteur
Dans mes pensées à chaque heure.
Maintenant il est parti
Une part de moi avec lui.

Pour l'instant je ne suis pas prête
À écouter des prophètes
Même pour des bonnes nouvelles.
Mon malaise est trop réel.

Plus tard je me remettrai.
Je me reconcentrerai,
Étant plus sage dans mon choix
Pour m'orienter vers la joie.

PLEUVOIR DES HALLEBARDES

Dédié aux gens de ma ville qui ont connu des catastrophes.

Une pluie si intense
Transperçant nos vêtements.
En cette circonstance
Loin de l'enchantement.

Des maisons subissent
Des dégâts d'eau sérieux.
Un vrai maléfice
Pour des gens bien furieux.

La nature s'éveille
Semblant trop en colère.
Elle si belle la veille
On ne voit plus très clair.

Une vraie catastrophe
Pour les gens de ma ville.
Cela mérite des strophes
Assez volubiles.

Des plaintes se font
Auprès de la mairie.
On parle d'un plafond
Dans les plaidoiries.

Le système d'égouts
Objet de grandes critiques
Rend très marabouts.
Sujet très médiatique.

Changements climatiques
Qui sont causés par l'homme.
Normalement c'est pratique
De tout prévoir, en somme.

POÉSIE EN NATURE

Quand le ciel si lourd semble bas sur ma personne
Et que, comme loisir, de mon regard, je l'espionne,
En y voyant de belles images, divers dessins,
Bien étendue sur l'herbe me servant de coussin.

L'air pur humé par mes narines dilatées
Où tant de senteurs m'arrivent, à moi, la gâtée,
Me voilà conversant avec le créateur,
Le remerciant pour cette nature et ses valeurs.

J'aperçois tout à coup un gros ours dans les cieux
Et enfin un visage paraissant disgracieux.
De beaux tableaux défilent devant moi sans arrêt,
J'aime plus cette belle magie que celle du cabaret.

En me tournant, le jaune des tournesols me frappe
Et ma réalité journalière me rattrape.
Il faudra me lever, retourner travailler,
Glorifiant Dieu pour les instants d'une femme choyée.

Voilà pourquoi la vie vaut la peine d'être vécue.
Amour et nature, me voilà bien convaincue
De poursuivre l'existence avec persévérance
Et de mener ma vie avec plus d'assurance.

Je reviendrai espionner ce grand ciel si beau,
Dépendamment de l'annonce de la météo.
Quand j'aurai de la peine, je deviendrai sereine.
Grâce aux nuages, je deviendrai une souveraine.

Souveraine dans mon royaume d'imagination
En souriant avec une grande appréciation.
Mes angoisses seront loin, vivant des émotions
Imprégnée de la beauté de la création.

PORNOGRAPHIE

Sur internet, je cherchais pour mon site
Une photo de docteur ou d'infirmière.
Les images présentées furent explicites :
Avec surprise, des pénis et de la bière.

On m'a envahie de pornographie
Un peu partout, à la télévision,
Sur des affiches ou des photographies,
Très choyée, il y en a à profusion.

Inutile de dire que je suis choquée !
Vivons-nous donc dans un monde de folie ?
Beaucoup de gens en sont interloqués
Et on nous demande de rester polis.

Les enfants voient cela de très bonne heure.
Il faut toujours les surveiller de près,
Observer leur vie sur l'ordinateur
Car ils sont jeunes, ils sont loin d'être prêts.

J'en ai assez chères mesdames, chers messieurs
De me faire exploiter dans ce domaine.
On ne nous cache rien, c'est disgracieux,
Vive l'intimité, disons-le sans haine.

On oublie le côté spirituel
Important pour tous les couples et pour nous.
Appréciable dimension sexuelle
Dans le passé, un sujet trop tabou.

L'horloge va-t-elle revenir en arrière
Respectant comme objectif le milieu ?
L'exagération est-elle éphémère ?
Éviter l'excès serait merveilleux.

POURQUOI ÉCRIRE ?

Espoir pour la relève de demain.
Je raconte parfois mon long chemin.
J'aimerais tant qu'on ne m'oublie pas
Et çà au-delà de mon trépas.

Je veux sensibiliser les gens
À la pollution des océans
À l'importance de tous nos enfants
Et je leur parle aussi de maman.

Les paroles s'envolent, les écrits restent.
Une belle phrase que personne ne conteste.
La manipulation du papier
Me permet de me sentir choyée.

J'écris mes poèmes pour une critique
Après analyse spécifique.
Il faut les relire avec plaisir
Les sujets sont nombreux pour choisir.

Les gens de ma famille peuvent comprendre
Les bons messages que je veux répandre.
En étant lue dans le monde entier
Mes objectifs sont multipliés.

PRENEZ SOIN DE VOS AMOURS

Appréciant toute l'affection
Vécue, reliée à des noms,
Mon cœur reste en santé
Grâce à ces êtres aimés.

Sentiment entretenu
À cause de gestes voulus,
L'amour est contagion,
L'amour est communion.

Prenez-vous dans vos bras,
Prenez soin des auras.
Respect et liberté,
Vous serez confortés.

Solitude réduite,
Des amitiés gratuites.
Je vous aime mes amis,
Je vous aime pour la vie.

Amour dans la vieillesse,
Grand besoin de tendresse.
Allons, prête-moi ton corps,
Il fait si froid dehors !

Me serrer contre toi
Suscitant ton émoi,
Nos secrets de la nuit
Chassant tout notre ennui.

Par des bons mots sachons
Aimer à profusion.
La paix sur notre terre
Sera moins à refaire.

Ne m'oublie pas chéri
Déclaré sans brusquerie
Mais avec douceur innée.
Est-il beau mon plaidoyer ?

PRISE DE CONSCIENCE

Des gens affirment qu'après une dépression,
Ils en font même une dénonciation,
Morts avant, le réalisant aujourd'hui,
Ils apprécient même la beauté de la nuit.

Prendre connaissance de leur état affectif,
Heureux, malheureux, déprimé, agressif,
Prouve que l'esprit, ouvert et bien vivant,
Leur permet de voir la vie autrement.

Chaque petit détail remarqué dans leur vie
Annonce une grande ouverture inassouvie.
Importante différence avec le passé,
Ils voyaient si peu par une vitre brouillassée.

J'étais morte et aujourd'hui bien vivante,
Le résultat d'une maladie souffrante.
On peut s'en sortir en remerciant Dieu.
Une porte se ferme pour connaître mieux.

PROMENADE

Je me promène dans la garrigue
Par une magnifique nuit d'été
Oubliant ainsi l'anxiété,
Les inquiétudes, la fatigue.

Le vent souffle les nuages
Qui vont voiler souvent la lune.
Le noir, pour comble d'infortune
Attire les ombres au paysage.

Est-ce mon imagination ?
Je vois des yeux au fond du bois.
Ils disparaissent toutefois
Je change vite d'orientation.

Le retour sera plus court.
J'allonge le pas car il fait froid.
Il faut que je quitte cet endroit.
Je reviendrai en plein jour.

Oui la lune m'attire la nuit
Et j'ai ce besoin de sortir.
Un défi pour me divertir,
Pour tromper mon grave ennui.

RÊVES ANGOISSANTS

Des cauchemars viennent ronger mon âme.
Toute la nuit je lance des cris d'alarme
Et, dans ma maison, place au vacarme.
Vas-tu me comprendre belle dame ?

Rêves terrifiants non expliqués
Occasionnant une nuit mouvementée.
Les sueurs froides sur ma peau bronzée,
Preuve réelle, oui j'ai paniqué.

Je me lève souvent mal dans ma peau.
Peut-être que si je buvais de l'eau
J'éviterais de vivre un chaos,
Confusion nuisant au repos.

On dit que les rêves s'analysent.
Il faut avoir l'expérience acquise.
Je n'ai pas les compétences requises
Mais terminé la gourmandise.

Une plainte dans le noir retentit
Et je m'entends crier dans la nuit.
Pourtant je ne connais pas d'ennui.
Est-ce l'expression d'un ressenti ?

RÉVOLUTION SOCIALE

La société s'est transformée.
On parle ici d'évolution
D'une manière accélérée
Pour beaucoup de populations.

Pour travailler, vivre et penser,
Il y a eu révolution,
Pas seulement pour les ouvriers,
Le mot exact est « mutation ».

La grande réforme agraire d'avant
Bascule vers la vie commerciale
De même que nos chers artisans,
Avec un régime salarial.

Ils ont maintenant des horaires,
Des lieux, des machines très modernes.
Cela paraît les satisfaire,
Font du social à la taverne.

Tout le monde se court, on est pressé,
On parle de productivité.
C'est là la grande priorité
Jusqu'au moment de se reposer.

Les familles diminuent en nombre,
Les parents suent pour leur budget.
Tout coûte cher, c'est un temps sombre
On pense aussi à des projets.

Le matériel prend de la place
Dans notre cher monde d'aujourd'hui.
Quant au spirituel, hélas,
Les cultes célébrés sont réduits.

En ce qui me concerne, ce jour,
Ce sont mes convictions à moi,
Je crois en Dieu, le prie toujours
Peu importe le lieu ou l'endroit.

RIDES DE RIRE

Voilà bien des écrits sur les femmes violentées.
Mon passé remontant parfois vient me hanter
Mais je regarde avec grand amour mon conjoint
Et je suis si fière de lui lorsqu'il me rejoint.

Ses quelques rides de joie, à titre de bon vivant,
Avec tendresse, je les caresserais souvent.
Ces signes de maturité, mais non de vieillesse,
Évoque pour ma personne son exemplaire sagesse.

Éloignez-vous pour toujours, fantômes qui m'obsèdent.
J'ai trouvé contre vous beaucoup de bons remèdes.
La félicité vient remplacer la souffrance
Et, tous les jours, je l'apprécie ma délivrance.

Je remarque dans mon miroir mes rides de rire.
Cela a pris beaucoup de temps pour me guérir.
Mon regard critique sur la vie a bien changé.
Je remercie le ciel d'être loin du danger.

On peut se sortir de la violence de toutes sortes
En changeant de milieu pour devenir extraforte.
S'éloigner des démons de l'enfer sur cette terre
Pour les remplacer par un monde sécuritaire.

SANS L'OMBRE D'UN DOUTE

Certitude absolue d'être aimée.
Parler de Dieu avec conviction.
S'inquiéter pour la déglaciation
Et pour tous les enfants affamés.

Dénoncer des guerres mondiales injustes.
Militer contre le racisme.
Éviter dans ma vie le snobisme.
Travailler à une santé robuste.

Voter à chacune des élections.
Entretenir mes bonnes amitiés.
Faire du bénévolat volontiers.
Profiter de bonnes récréations.

Respecter l'autorité publique,
N'omettant pas le corps de police.
Me tenir très loin de la malice.
M'entourer de gens très sympathiques.

Ouvrir mes bras aux grands déprimés,
Leur prêtant une oreille attentive
Et ne pas rester toujours passive
Devant la populace opprimée.

Ne jamais oublier le tiers-monde
Pour apprécier nourriture et routes.
Voilà, en gros, sans l'ombre d'un doute,
Mes valeurs et mes pensées profondes.

SANTÉ MENTALE

Dans la cohue folle d'aujourd'hui
On nous réclame des produits
De plus en plus et sans arrêt
Pour l'employeur, son intérêt.

En courant sans nous limiter,
Sommant de ne pas s'arrêter,
La tension naissante pour nous,
On se sent tout à coup à bout.

Le corps nous lâche de partout,
Difficultés d'être debout.
Nos larmes coulent pour un rien,
Sentiment de « filer pas bien ».

On ne joue pas à l'incompris
Mais dans des yeux il y a mépris.
Prenant cela pour une faiblesse,
On parle aussi d'une paresse.

Si l'inexpliqué a du sens
Malgré le manque de connaissance
En ce qui a trait à l'être humain
On oublie de tendre sa main.

Surtout pas généraliser
Parlant de personnes épuisées.
De bons employeurs il y a.
Pour l'entourage, parfois ça va.

Beaucoup d'importance sur le temps
Pour chaque malade, c'est évident.
Prendre cela une heure à la fois,
Une bonne chose à faire quelquefois.

Mes amis, on peut s'en sortir
Penser à un bel avenir.
La souffrance ne durera guère
Et demain différent d'hier.

La santé enfin retrouvée,
Pour le travail, très motivé,
On recommence dès le début,
On a changé, de nouveaux buts.

SENSIBILITÉ DEVANT UN FILM

Les larmes devant toute tristesse
Non synonymes de ma détresse
Car sensible à ce qui se passe
On vient toucher ma carapace.

On me voit rire lorsque comique,
Mon apparence très dynamique
Vient prouver que le scénario
M'influence par une vidéo.

Tout me touche, des nombreux détails,
Je frémis devant les batailles
Fermant les yeux devant l'horreur,
Baissant les sons de la fureur.

Cette manie de m'approprier
D'une façon des plus appuyées
Les sentiments de ces acteurs
Où encore tous ceux de l'auteur.

Ce pouvoir me colle à la peau.
Je n'entends plus tous les propos,
Très concentrée sur mon écran
Avec des yeux très pétillants.

Dans ma bulle on me voit pleurer.
Mon regard parfois apeuré
Intrigue souvent mon entourage
Devant le même long-métrage.

Hypersensible à fleur de peau,
Je dirais même à haut niveau,
Les hommes sont parfois différents
Et me regardent en riant.

Pas de malice de leur part
Une taquinerie pour la plupart.
Les différences font la beauté
Des gens de toutes communautés.

SÉRIE NOIRE

Je me lève un matin
Sans me sentir très bien.
Une douche ça réveille
Le meilleur des conseils.

Tout à coup pas d'eau chaude
J'ai une peau de crapaude.
Je termine à l'eau froide
Avec des jérémiades.

J'ai un lavage à faire
Arrive un train d'enfer.
Ma laveuse est brisée
Je me sens épuisée.

Je vais voir le courrier
Et je suis contrariée.
Seulement des factures,
Mauvaise température.

Je rêve à un café
Je suis très assoiffée
Pas de lait dans la pinte
Entendez ma complainte.

Elle est longue ma chanson
Parlant de mes frissons
Le réparateur vient
Et cela me convient.

Les problèmes vont se tasser
Je serai moins angoissée.
Vous parlez d'une journée
J'ai été consternée.

SI TU SAVAIS MAMIE !

Si tu savais ma très chère mamie
Fatiguée et pensant anémie,
Grippée au plus profond de mon corps,
Conscience de n'avoir plus d'anticorps.

Des nuits courtes, peuplées de mauvais rêves
Et au petit matin, je me lève
Avec le mal aux os, sans vigueur
Me jugeant peut-être avec rigueur.

Et cet état passager survient
Pendant les Fêtes et son va-et-vient
Alors que je devrais être en forme
Avec une attitude plus conforme.

Heureusement, les gens m'aiment, me comprennent.
Ils me font oublier ma migraine.
Autonomes, ils m'aident et m'entourent bien
Ce sont-là de bons Abitibiens.

J'apprécie la santé retrouvée,
Bénissant ces moments éprouvés,
M'apportant la preuve supplémentaire
D'être entourée d'amour sur la terre.

SIMPLEMENT VÔTRE

Des amitiés m'ont été accordées
J'aurais tellement voulu les sauvegarder
Une grave maladie m'en a empêchée
Je m'en suis voulue d'avoir tout gâché.

Dieu m'est témoin que c'était hors contrôle !
Si mes amis n'ont pas trouvé ça drôle,
Ma crise passée, de nouveau réaliste,
Me voici, moi-même, une pauvre artiste.

Il y en a qui m'ont gardé leur confiance
Avec un regard plein de bienveillance,
Me pardonnant ma marginalité.
Je reconnais leur générosité.

Tout ça s'est passé il y a bien longtemps.
Je vivais dans mon monde très excitant.
Le réel m'entourait mais ma vision
Démontrait un grand signe de confusion.

Simplement vôtre, chez moi, pour un café,
Dans ce froid d'hiver pour vous réchauffer,
Me permettant ainsi de vous soigner
Pour que votre amitié soit regagnée.

Plus que de l'eau, un dialogue apaisant
Nous rappelant nos souvenirs plaisants
Vous faisant part aussi de mon bonheur
Grâce à mon amour, mon conjoint soudeur.

Santé retrouvée, amitiés perdues,
Je travaillerai de façon ardue
À reconquérir tous mes bons amis
En remerciant ceux que j'ai aujourd'hui.

SOUVENIR ÉTERNEL

Un jour tout se terminera.
Lentement, le temps s'éteindra.
Ce qui sera très important
Mourir mais vivre par les gens.

Pour qu'on se souvienne de vous
L'essentiel ce n'est pas vos sous
Ni la couleur de votre peau
Mais la grandeur de vos propos.

Construisez un très bon solage
Tout en menant une vie très sage
Pour une maison super solide,
Plus attrayante, étant valide.

Une construction très symbolique
Suggérant une vie angélique
À vous battre pour vos bonnes valeurs
Pour plein d'amour et de chaleur.

C'est de ça qu'on se souviendra,
De la bonté, etcétéra,
Donnez aujourd'hui comptera
Car la beauté s'effacera.

La perfection n'existe pas,
La travailler c'est très sympa,
Les gens penseront toutefois
Que vous avez fait de bons choix.

Vous vivrez éternellement,
Ça me semble si exaltant,
La souvenance de vos idées
Durera à perpétuité.

TOUCHE D'ACCALMIE

Levée tôt le matin,
Habiller le bambin,
Déjeuner sur le tas,
Préparer un repas.

Dépêchons en vitesse,
On arrive de justesse.
Un horaire de travail,
On mérite une médaille.

Et à la garderie,
On reprend le petit.
Le souper nous attend,
Il a faim notre enfant.

La période de jeux
Pour le rendre très heureux,
Bibliothèque le soir,
On raconte une histoire.

On lui donne son bain
À notre beau chérubin.
Jusqu'au temps du sommeil
On profite de l'éveil.

La période du ménage
Amène un surmenage.
Me sentant fatiguée
Je dois me reposer.

Mais il y a l'accalmie,
Recevant une amie,
Relaxation complète,
Projets « aux oubliettes ».

Amour et affection,
Presque la perfection.
Quoi demander de plus ?
Je trouverai des astuces.

La lune et les étoiles,
Un décor, une toile.
Mon aura en santé
Plein de vitalité.

Sommeil réparateur
Ne fusse que quelques heures
Et le lendemain tôt
Je me lève subito.

TRISTESSE INFERNALE

Seul dans mon monde, dans ma bulle,
Ça s'annonce mal ce préambule,
Dans mon désert il y a la soif
Et elle est loin ma belle carafe.

Si marginal et malheureux,
Très difficile d'être amoureux.
En me cherchant je m'sens perdu
Mon existence s'annonce ardue.

Dans mon cerveau tout est mêlé
Je ne sais plus où m'en aller.
Avoir de l'aide et du support
Exige de moi d'aller dehors.

Pleurer à rien, pleurer souvent,
Des plus sensibles, évidemment,
Pourtant j'ai tout matériellement
Expliquez mon comportement.

Le caractère ou haut, ou bas
Je pense trop souvent au trépas.
Fatigue et grand épuisement,
Cela demande médicaments.

Des bédouins viennent dans mon désert,
Me sauvent la vie sur cette terre.
C'en est fini de mon calvaire
Merci mon Dieu, j'en suis si fier.

Je suis moins seul, enfin heureux
Il faut penser aux malheureux
Parler espoir, chanter l'amour,
Par expérience, faire des discours.

TUBERCULOSE

Une maladie très rare
C'est ce qu'on nous déclare
Ma sœur l'a attrapée
Et cela m'a frappée.

Médicaments à prendre.
Très longtemps à attendre
Un résultat certain.
Patience chaque matin.

Non ! Pas de contagion.
Elle fait des roupillons,
Fatigue accumulée,
Son monde a basculé.

Ma sœur est une battante
Sera très écoutante.
Traitement à réussir
Moral à endurcir.

Dix-huit mois c'est très long
Pilules goûtant le plomb.
On perd son appétit
Méchant le spaghetti.

Il faut parler espoir
Combattre le désespoir.
Je l'aime ma petite sœur.
Je comprends sa frayeur.

Toutefois elle est unique
Elle combat la panique.
Va prendre du repos
Grandeur dans ses propos.

UN BOIS PAISIBLE

Une balade dans un bois paisible
Dans un silence très inaccessible
La terre semble mourir avant l'hiver
Elle m'influence presqu'autant que la mer.

Les rochers recouverts de mousse légère
Près d'un chêne en bordure d'un mur de pierres
D'une couleur verte attirant le regard.
Une nature si belle loin de tout brouillard.

Le ciel semble donner des signes d'orage
Apportant aux abords un air sauvage.
Je prends la direction de ma maison,
Contemplant le décor de la saison.

Je me griffe aux ronces de ce vieux chemin.
Je n'oublierai pas cette sortie demain.
Décrochant de mon travail, je respire.
Un calme profond vient de m'envahir.

Arrivée dans le pré, la pluie commence.
Mouillée, je pense à mon imprévoyance.
Me voilà frissonnant jusqu'à la moelle,
Il faudra me réchauffer près du poêle.

Communiquer avec dame nature
Devrait nous rendre plus sages et plus matures.
Enfin un peu de temps pour réfléchir
Pour philosopher et nous enrichir.

UN COIN DE BONHEUR

Solitude à deux dans le bois,
Doux baisers, bons moments de joie
Dans un camp de chasse acheté
Depuis très longtemps convoité.

Promenade près des épinettes,
Très féérique notre planète,
Un ruisseau à truites pour pêcher,
Nul besoin de se dépêcher.

Dans le lointain une rivière
Qui vient combler toutes mes prières.
Moi qui aime l'eau, c'est important
Il y a même un petit étang.

Beau à voir la dame de castors
Et ils ne nous font pas de tort.
Très vite un vison a passé,
Un bon lieu pour décompresser.

Une perdrix nous a regardés,
Un petit lièvre a gambadé,
Des traces d'orignaux sur la terre
Enfin un thé dans la théière.

Assis près d'une immense fenêtre
Voyant un ours à quatre mètres
Nous sommes bien en sécurité
Observant ce drôle d'invité.

À tous, je vous souhaite un coin,
Bien situé et pas trop loin,
Pour vous ressourcer en silence
Recherchant toujours l'excellence.

UN DERNIER SUCCÈS ?

Je vais me reposer sur mes lauriers
Et même si je n'en suis guère contrariée
Une légère tristesse se dégage de moi
Et j'en suis très émue, excusez-moi.

Un poète ne travaille pas pour l'argent
Car, pour ses finances, c'est décourageant.
Il décrit pour une bonne continuité
La richesse de l'âme de l'humanité.

Ce genre de littérature fait vibrer
Et je l'utilise pour m'équilibrer.
Un bon moyen de communication
Pour me remettre de mes grandes émotions.

C'est aussi un défoulement dans ma vie.
Il a déjà servi à ma survie.
Une façon de nourrir vraiment l'esprit
Et grâce à la poésie, j'ai appris.

J'ai voulu traiter de tous les sujets.
Pour vous, j'ai mis de côté mon budget.
Mes trouvailles ont compensé pour le reste.
Vous m'avez gratifiée d'une gloire modeste.

Après ma mort mes écrits vont survivre
Et mes messages retrouvés dans mes livres
Toucheront peut-être encore d'autres gens
Et quand on meurt, on n'amène pas d'argent.

UN GOÛT AMER

Aujourd'hui je ne file pas très bien
Et ce n'est vraiment pas pour rien.
Trop de ménage m'a fatiguée
Je n'ai guère envie de blaguer.

En effet, ma laveuse brisée
A commencé mal ma journée.
Mon imprimante non fonctionnelle
Choque mon côté émotionnel.

Mon oiseau a une patte malade,
Voilà mon cœur en marmelade.
Il fait froid et il neige dehors
Mon corps me demande des efforts.

Je veux oublier mes bobos.
Voyez le ciel comme il est beau !
Le soleil brille de tous ses feux,
Avec mes yeux, rien d'ennnuyeux.

Demain sera un autre jour.
Les gens me diront un bonjour.
Les sourires changeront mon être.
Je retrouverai mon bien-être.

UN PRÉCIEUX TEMPS PRÈS DE TOI

La vie nous joue parfois de mauvais tours
Mais avec le bonheur de ton retour
Il faudra bénéficier des moments
Et apprécier chacun abondamment.

Il nous arrivera sûrement des épreuves
Nous permettant l'augmentation des preuves
De ce grand amour qui vient nous unir,
Que notre Dieu a bien voulu bénir.

Du haut de la montagne je l'ai prié,
Lui demandant de garder ta santé
Le remerciant de connaître cet amour
Sans m'empêcher de l'appeler au secours.

Personne ne m'en voudra de lui parler
En continuant sans cesse à espérer
De passer un précieux temps près de toi,
Mon homme sage, amoureux et courtois.

Aucune violence et une grande liberté,
Voilà qui m'attire par sa rareté.
La douceur de ton sourire m'ensorcelle.
Nous sommes si bien dans notre balancelle.

Et l'hiver, la chaleur de tes deux bras
Me met parfois dans un court embarras
Par ta sincérité dans ces moments,
Avec un grand art, et m'apprivoisant.

Finalement, j'apprécie beaucoup ma chance,
Vivant pleinement avec joie notre ambiance.
Même dans les silences, transpire ce bonheur.
Profitons bien des secondes et des heures.

Il faudra te le répéter souvent,
Je t'aime, toi l'homme de ma vie, mon amant.
Si Dieu le permet, j'aurai des enfants
Très fiers de leur père à tous les instants.

UNE FAMILLE UNIE

Notre destin nous a unis
Soudés, rapprochés pour la vie
Enfance, adolescence, adulte
Une famille sans tumulte.

Toujours besoin d'être entourée
Par des parents qui m'ont aimée.
Où est-elle ma sœur préférée ?
Même loin je veux me confier.

Et voilà comment concevoir
Parents, frères et sœurs à revoir
Mes confidents les plus précieux
Me tendant l'oreille, silencieux.

Ah ! Profondeur de sentiments !
Vous connaîtrez bien mes tourments !
De bons conseils à écouter
Pour une larme à sécher.

Vos sourires me feront rêver.
Vous aurez su me consoler.
Ensemble nous pourrons rigoler.
De bonheur je vais me gaver.

Notre union maintenue de loin
Pour répondre à mes grands besoins
L'éloignement me fera souffrir
Mais vos voix viendront me guérir.

VAGUE À L'ÂME

Écoute mes sentiments
Malgré ton éloignement.
Par delà les monts
S'envolent mes sons.

Ils te trouveront
Et te chanteront
Mon amour pour toi,
L'élu de mon choix.

J'ai du vague à l'âme
Car je suis une femme
Loin de son mari,
Loin de son chéri.

Souvent adoucie
Et très attendrie
En pensant à nous,
À nos moments doux.

Oui, j'ai le cœur gros
Loin de mon héros,
Comme une âme en peine
Moi, pauvre écrivaine.

Je vais m'occuper
Et bien m'appliquer
Dans ma poésie
À ma fantaisie.

Et tu reviendras.
Ton corps par tes bras
M'enveloppera,
Me rassurera.

J'ai du vague à l'âme
Et je suis une femme.
Je t'attends toujours,
Toi, mon grand amour.

VEUVAGE

Extraction de son fluide
Alors que mes yeux humides
Ont vu son départ rapide.
Tout me semble insipide.

Nous étions de connivence
Malgré toutes nos différences.
Nos deux mains s'entrelaçaient
Marginaux mais sans excès.

Nos échanges nous rapprochaient
Et des autres, on s'en fichait.
Nos valeurs pour nos enfants
De bons succès triomphants.

Et nos rejetons partis,
Pour combattre l'inertie
En me revalorisant,
Emploi très satisfaisant.

Et voilà que ce départ
Qui diminue mes remparts
Me laisse dans la solitude
Dont je n'ai pas l'habitude.

On m'a dit « C'était son heure,
Nous avons un Protecteur
Mais la vie a ses limites
Faut parler d'une fin fortuite ».

Acceptez mes confidences
Pour m'aider suite à l'absence.
Faible et forte tout à la fois
En pensant à autrefois.

Ma vie je devrai refaire
Ce n'est pas là mince affaire
Trouverai-je mon confident,
Un ami accommodant ?

Je lui parlerai de lui
Du passé et d'aujourd'hui,
D'amour et de liberté
À en être réconfortée

« Z » COMME ZÉTÉTIQUE

(préjugés et médisances sur certaines personnes)

En perdant des amis
Pour cause de maladie
La souffrance de mon cœur
Annonce un grand malheur.

Je suis lasse d'entendre
Et ce, sans me méprendre,
Tous les mauvais jugements
De ces langues de serpents.

Entendez-moi souffrir,
Regardez-moi maigrir,
Contrôlant ma santé
Mais très peu visitée.

La confiance disparue,
On se moque dans la rue,
Parlant en mal de moi
En s'éloignant parfois.

Pas de compréhension
Mais de l'humiliation.
Ma sensibilité
Est d'une grande acuité.

Quand saurez-vous m'aimer
Et non me diffamer ?
Voyez mon positif
Et non mon négatif.

Je gagnerai ma vie
Assurant ma survie
Et vous reconnaîtrez
Que vous me découvrez.

Dieu m'en est témoin,
De moi je prendrai soin
Réclamant équité
Avec assiduité.

Et on m'estimera
Car le ciel m'aidera.
Si je travaille très fort
Estimez mes efforts.

ZOOTHÉRAPIE

En me levant, pas de tristesse
Et j'en oublie même ma vieillesse.
Maturin me siffle des sons,
Une sérénade de très bon ton.

Veut-il donc que je pense à lui
Sans que je le mette dans l'oubli
Mon oiseau chéri, mon serin
Tant apprécié en ce matin ?

Lorsque viennent parfois des enfants,
Toujours pour eux c'est important
Mon serin jaune évidemment
À regarder un court moment.

Mon grand chien brun à caresser
Vient se coller, vient se presser
Tout contre moi, à commander
Mon affection sans marchander.

Les enfants l'aiment assurément,
Viennent lui parler très doucement.
Une merveilleuse chimie entre eux,
Ils jouent ensemble et sont heureux.

Belle thérapie en ce beau temps
Mes animaux, à tous instants
M'apportent bonheur et grand plaisir
Et ils m'empêchent de vieillir.

Mes humeurs plus équilibrées
M'autorisent donc à célébrer
Les activités de la vie.
Dans mon destin, moi je revis.

Bonjour,

*Si vous voulez laisser une critique constructive
sur mon œuvre, vous pourvez me contacter à cette
adresse:*

louise-hudon1@hotmail.com

*Je lirai avec attention tous les commentaires et j'y
répondrai avec plaisir.*

*Louise Hudon
Poétesse*